Schweizer Zahlenbuch 1

für 

....

....

von
Erich Ch. Wittmann und Gerhard N. Müller

Bearbeitung für die Schweiz
Elmar Hengartner und Gregor Wieland

Illustrationen Anna Luchs

programm mathe 2000
von
Prof. Dr. E. Ch. Wittmann
und Prof. Dr. G. Müller

Klett und Balmer Verlag Zug

Inhaltsverzeichnis

Arithmetik mit ϟ Blitzrechnen
Geometrie
Sachrechnen

Arithmetik mit ϟ Blitzrechnen
Geometrie
Sachrechnen

Integrierende Übungen

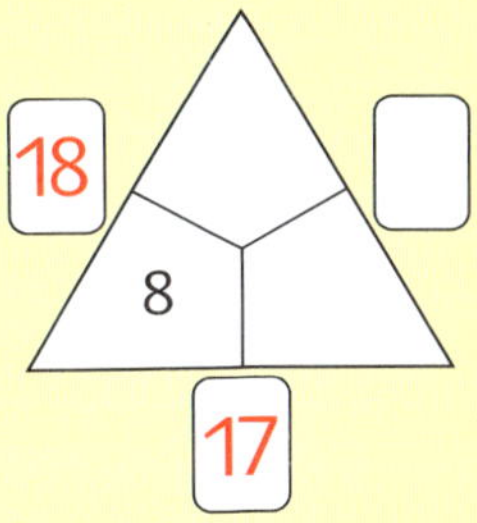

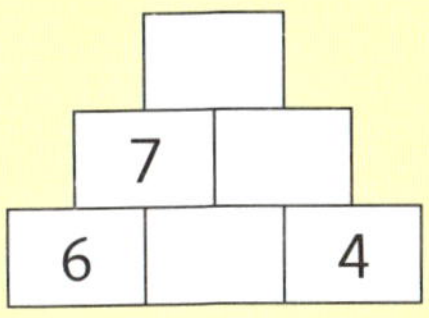

Vertiefende Übungen

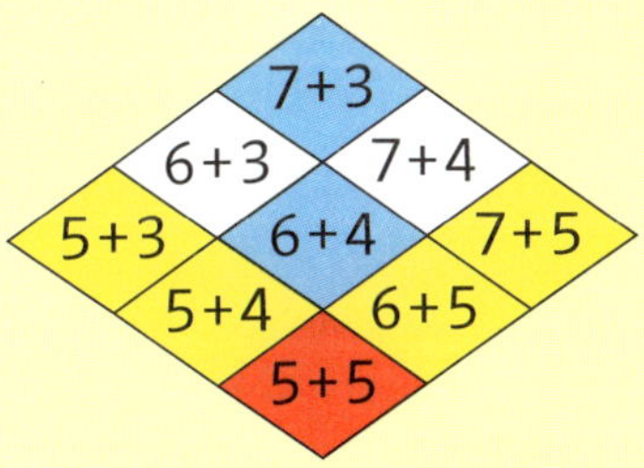

Ausblick in den Hunderterraum

Miniprojekte

Der  zeigt «Schnüffelaufgaben».

Liebe Eltern

Kinder entdecken die Welt der Zahlen und Formen

Die Entdeckung der Zahlen- und Formenwelt begann lange vor dem Schuleintritt Ihres Kindes. Viele Kinder lernen bereits im Vorschulalter die Zahlwortreihe auswendig. Sie verwenden sie für das Zählen von Dingen. Sie haben gelernt, dass das zuletzt genannte Zahlwort die Anzahl der gezählten Dinge bezeichnet. Freilich ist die Welt der Zahlen und Formen den Kindern unterschiedlich weit vertraut, wenn sie zur Schule kommen. Für alle jedoch gilt: Schulanfänger sind keine Lernanfänger, auch nicht in Mathematik.

Verschiedene Zugänge zur Zahlenwelt

Wir unterscheiden drei wichtige Zugänge zur Zahlenwelt:

- Auf der Zahlenreihe bewegen sich Kinder zunächst zählend, sodann in Schritten (zum Beispiel in Zweier-, Vierer- oder Fünferschritten), vorwärts und auch rückwärts.
- Kinder erfassen Anzahlen leichter, wenn diese gegliedert sind wie etwa Würfelaugen oder aufgereihte Fünfergruppen. Grundlegend ist die Gliederung der Zehn aus zwei Fünfern und der Zwanzig aus zwei Zehnern.
- Den dritten Zugang bieten die Zahlen in der Lebenswelt der Kinder. Dazu gehören zum Beispiel das eigene Alter, das Geburtsdatum, bedeutsame Uhrzeiten, die Schuhgrösse, das Geld, die eigene Haus- oder Telefonnummer.

Sie können den Einstieg Ihres Kindes in die Zahlenwelt unterstützen, wenn Sie zum Beispiel mit ihm Würfel- und Kartenspiele spielen, Dinge im Alltag oder auf Bildern mit ihm zählen oder wenn es den Tisch für die Familie decken darf.

Leitideen für den Anfangsunterricht

Das beziehungsreiche Netz des Einspluseins wird in mehreren Durchgängen von verschiedenen Seiten her immer neu geknüpft. Die Wege, auf denen dies geschieht, sind nicht vorgeschrieben. Die Aufgabe 6 + 8 = 14 lösen einige (noch) über das Weiterzählen bis 14, andere verdoppeln die 6 auf 12 und fügen noch 2 hinzu und wieder andere füllen den Zehner, fügen also zweimal 4 hinzu. Für die Kinder ist es einfacher, auf ihren eigenen Wegen zu rechnen.

Fertigkeiten und Fähigkeiten

Das Üben steht nach wie vor im Zentrum des Mathematikunterrichts und dient dem Aufbau von Rechenfertigkeiten im Einspluseins und später im Einmaleins. Die Übungsaufgaben sollten aber immer auch einen interessanten fachlichen Hintergrund haben, den die Kinder entdecken, verstehen oder gar begründen können, aber nicht müssen.

Umgang mit Unterschieden

Für die Schule sind die Unterschiede zwischen den Kindern eine grosse Herausforderung. Es gilt, jedes Kind seinen Fähigkeiten entsprechend optimal zu fördern und nicht von allen das Gleiche zu erwarten. Wir versuchen dies über Aufgaben zu erreichen, die man auf verschiedene Weise und auf unterschiedlichen Niveaus bearbeiten kann.

Fehler zulassen

Wo wirklich gelernt wird, gibt es Fehler. Sie gehören zum Lernen. Wichtig ist, dass man aus Fehlern lernt. Fehler machen ist nicht verboten, sondern notwendiger Durchgang zur Erkenntnis. Das Kind soll spüren, dass es sich für Fehler im Mathematikunterricht nie schämen muss.

Unterstützen Sie Ihr Kind weniger durch Anleiten und Vorzeigen als durch Beobachten und Zuhören. So können Sie teilhaben an der Entdeckungsreise Ihres Kindes in die Welt der Mathematik. Die Welt der Zahlen und Formen hält für Kinder und Erwachsene faszinierende Erfahrungen und Entdeckungen offen.

Das Zahlenbuch-Team

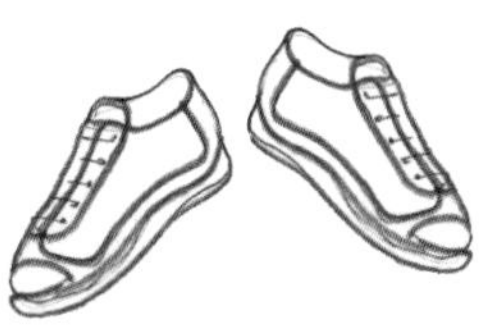

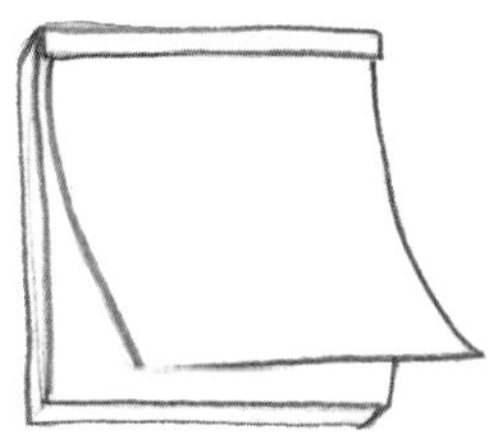

Zahlen aus der eigenen Lebenswelt über längere Zeit finden und eintragen.

Zahlen und Formen

Über den ersten Schultag sprechen.
Schultaschen wiedererkennen und entsprechend ausmalen.
Muster fortsetzen.

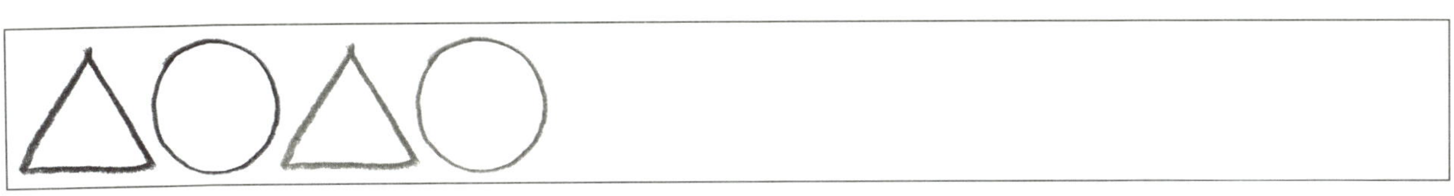

Über den Schulweg sprechen.
Verkehrsschilder wiedererkennen und entsprechend ausmalen.
Muster fortsetzen.

Die Zahlen von 1 bis 10

●	●●	●●●	●●●●	●●●●●
1	2	3	4	5

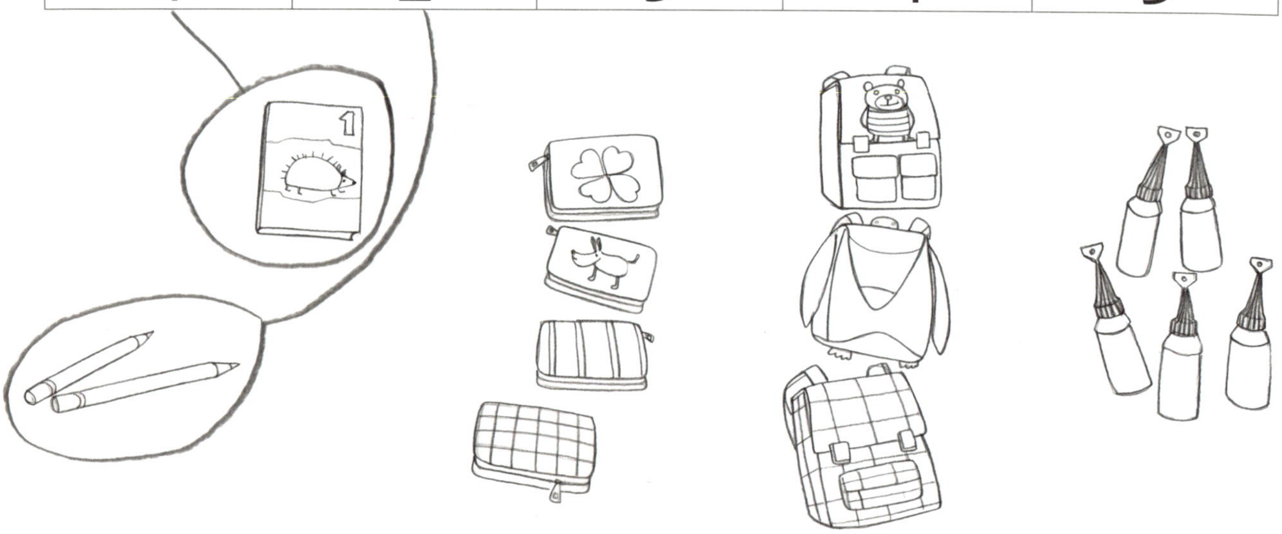

Zählen, Anzahl bestimmen und Zahl zuordnen.
Muster fortsetzen.

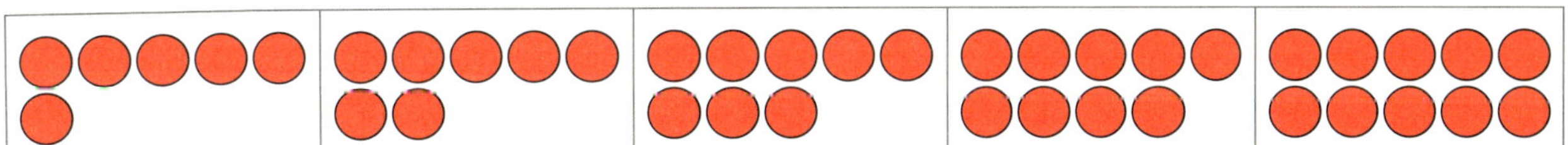

6	7	8	9	10

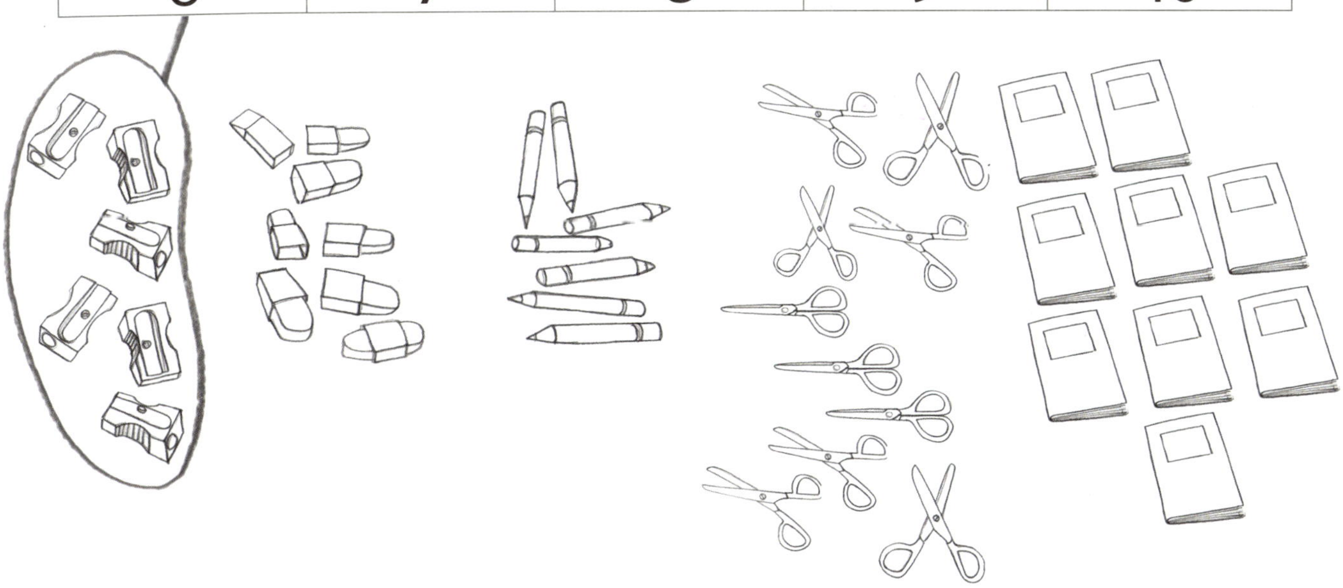

Zählen, Anzahl bestimmen und Zahl zuordnen.
Muster fortsetzen.
► Arbeitsheft, Seite 3–5

Zahlen bis 10 darstellen

1

1	2	3	4	5

2

	●●●○○	𝍷𝍷𝍷	3
	○○○○○		4
	○○○○○		2
	○○○○○		1
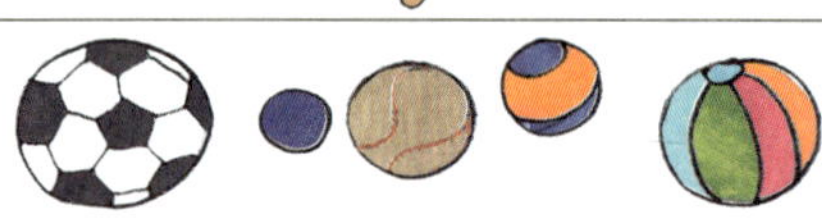	○○○○○	𝍸	5

1	1							

1 Anzahl bestimmen und Zahl zuordnen.
2 Anzahl unterschiedlich darstellen.
Ziffer 1 schreiben.

6 7 8 9 10

	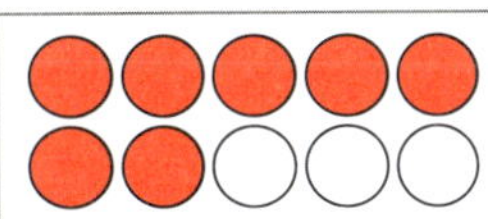		7
	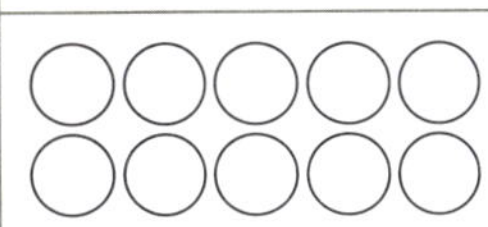		9
	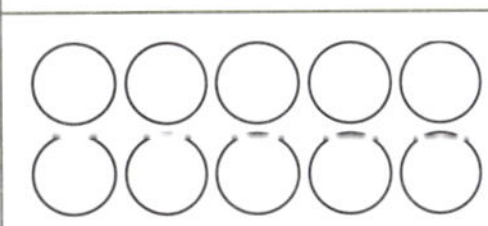		6
	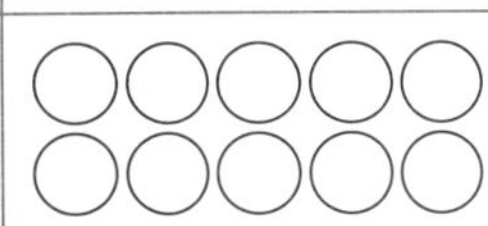		8
	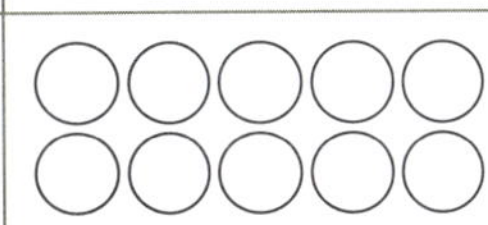		10

2	2							

1 Anzahl bestimmen und Zahl zuordnen.
2 Anzahl unterschiedlich darstellen.
Ziffer 2 schreiben.
► Arbeitsheft, Seite 6–7

Würfelaugen

1

⚂	●●●○○ ○	3
⚀	○○○○○ ○	1
	○○○○○ ○	5
	○○○○○ ○	6
	○○○○○ ○	4
	○○○○○ ○	2

2

⚂ | ⚂	●●●●● ●○○○○	6
⚁ | ⚂	○○○○○ ○○○○○	5
⚄ | ⚁	○○○○○ ○○○○○	7
⚃ | ⚃	○○○○○ ○○○○○	8
|	○○○○○ ○○○○○	3
|	○○○○○ ○○○○○	4

3	3							

1 Würfelaugen einzeichnen, Plättchen anmalen.
2 Dominoaugen einzeichnen, Plättchen anmalen.
Ziffer 3 schreiben.
▸ Arbeitsheft, Seite 8

Mehr – weniger – gleich viel

1 Gibt es für jedes Kind eine Kugel?

2

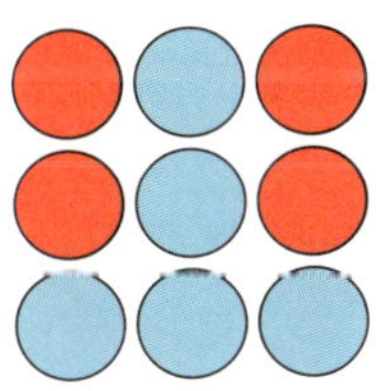

3

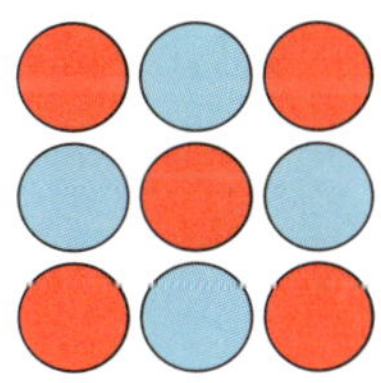

4

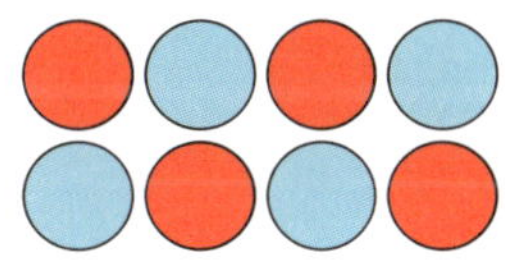

5

6

7

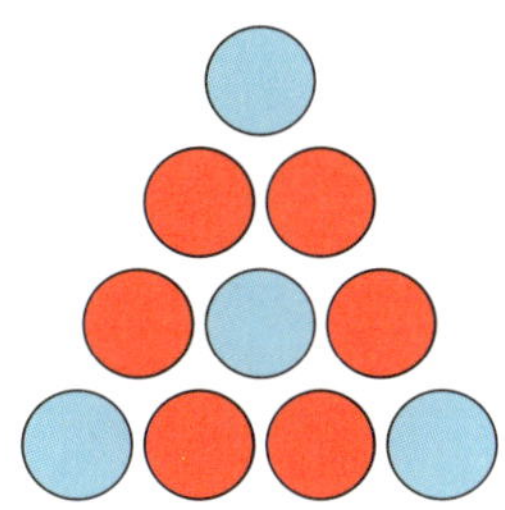

4	4							

1 Mengen durch Eins-zu-eins-Zuordnung vergleichen, evtl. mit Hilfe von Plättchen als Stellvertretern.

2–7 Muster von Plättchen nachlegen. Anzahl der roten und Anzahl der blauen Plättchen durch Paarbildung vergleichen.

Ziffer 4 schreiben.

Schöne Muster – immer gleich viel

1

2 Lege immer 7.

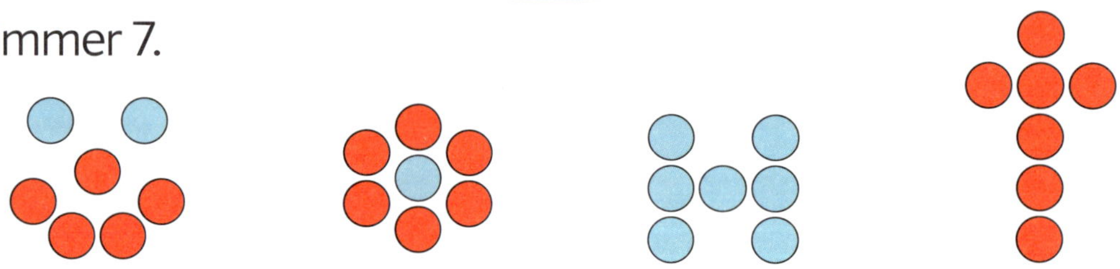

3 Lege und male immer 4.

4 Lege und male immer 5.

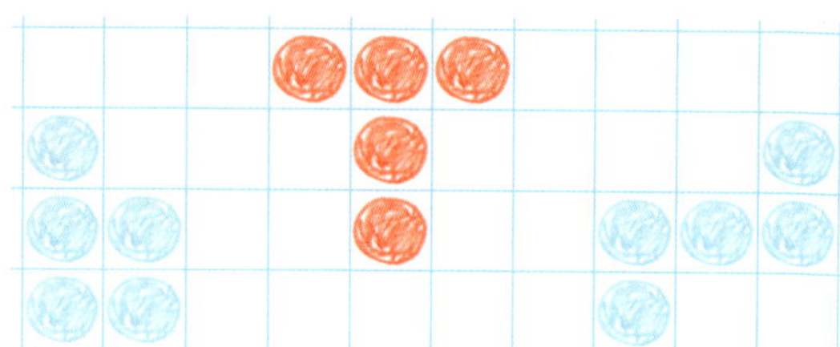

5 Immer 3

6 Immer 6

7 Immer 8

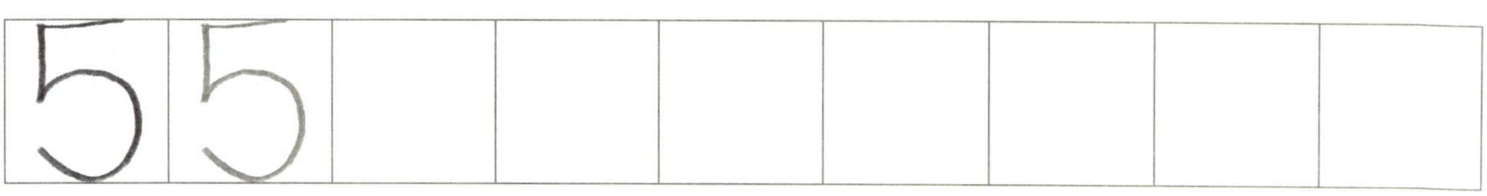

1 Über Sterne und Sternbilder sprechen. Sterne in den Sternbildern zählen (immer 7) und nachlegen.

2 Muster zu vorgegebenen Zahlen legen.

3–7 Eigene Muster zu vorgegebenen Zahlen legen und ins Heft zeichnen.
Ziffer 5 schreiben.

► Arbeitsheft, Seite 9–12

Muster nach Regeln

1 Lege nach. Setze fort.

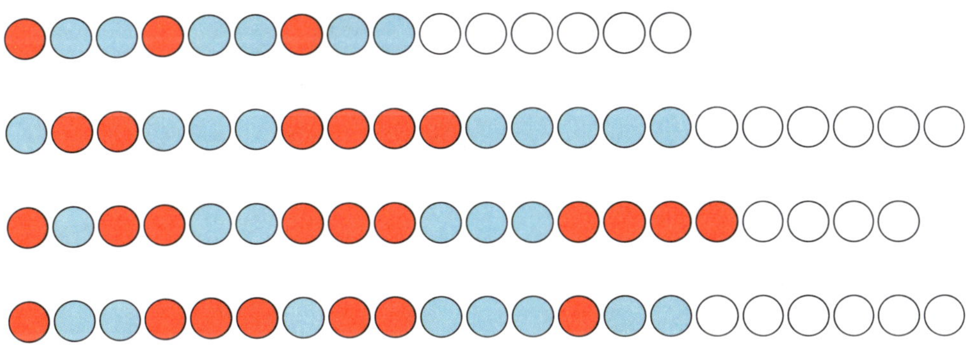

2 Erfinde eigene Muster.

3 Immer 

Färbe verschieden.

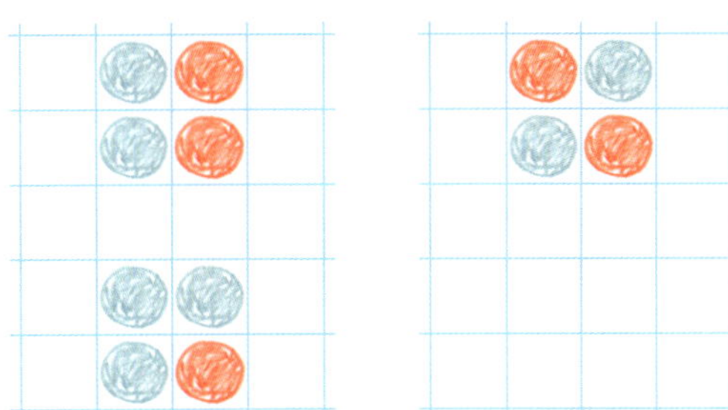

Plättchen werfen

1

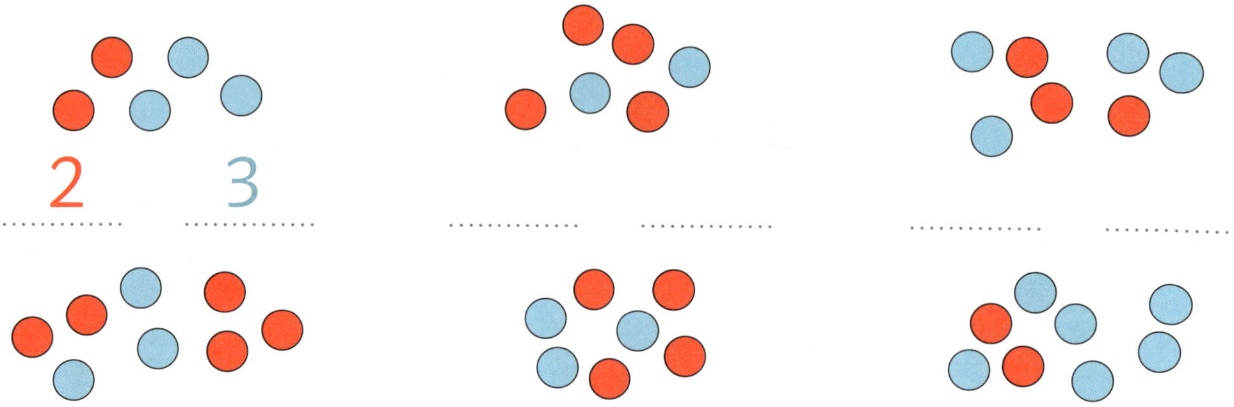

2 Plättchen werfen mit 

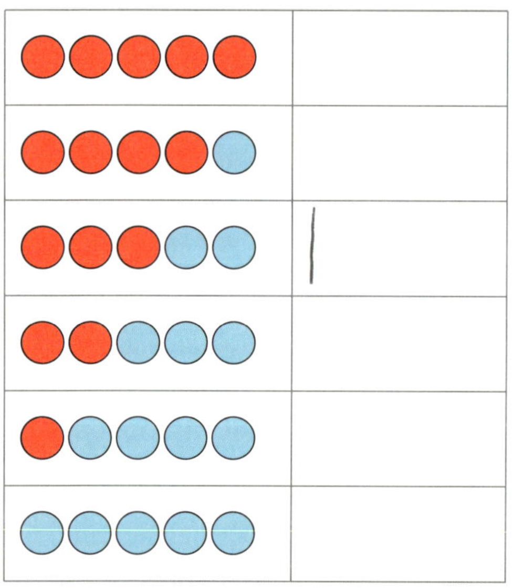

3 Mit 

4 Mit 

5 Mit 

6	6							
7	7							

1 Anzahlen notieren.
2–5 Plättchen werfen und Anzahlen bestimmen. Ergebnisse in Strichliste festhalten. Ziffern 6 und 7 schreiben. ► Kopiervorlage
► Arbeitsheft, Seite 13

Räuber und Goldschatz

8	8							
9	9							

Würfelspiel in Partnerarbeit: Start bei 10; durch abwechselndes Würfeln und Ziehen den Schatz in die eigene Höhle bringen.
Ziffern 8 und 9 schreiben.

Zählen mit Strichlisten

Tiere suchen, ausmalen, mit der Strichliste zählen. «Kraft der Fünf» benutzen.

Kraft der Fünf

1

5 + 1 plus	●●●●● ●	6
5 + 2	●●●●● ●●	7
+	●●●●● ●●●	
+	●●●●● ●●●●	
+	●●●●● ●●●●●	

2

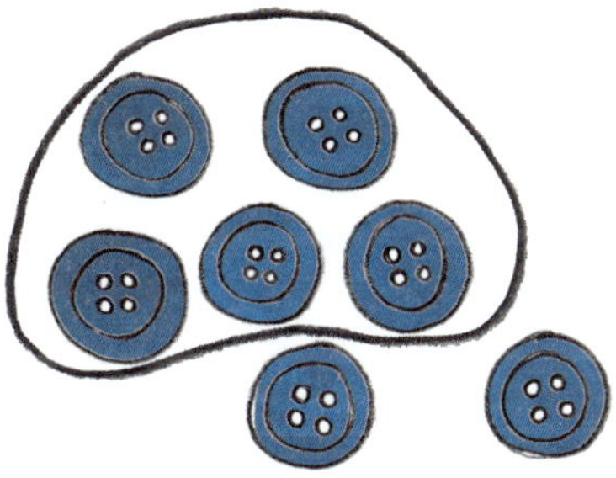

7

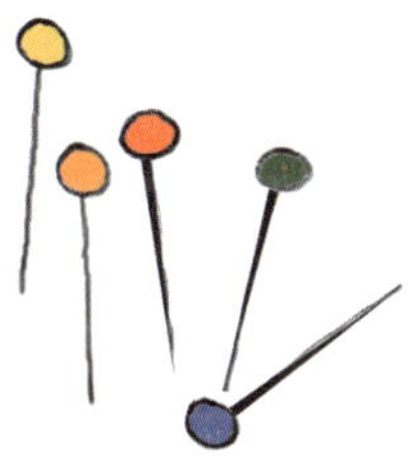

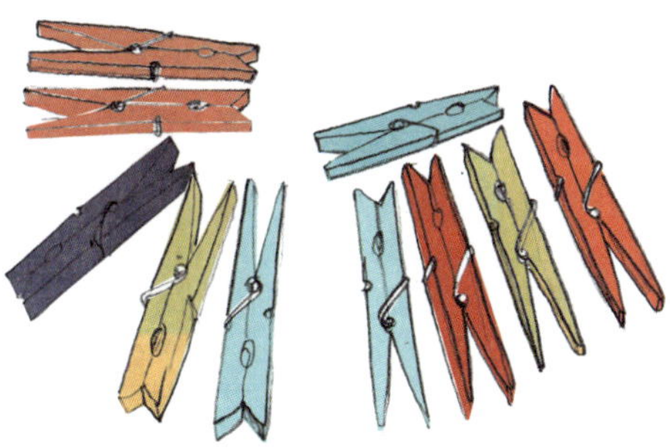

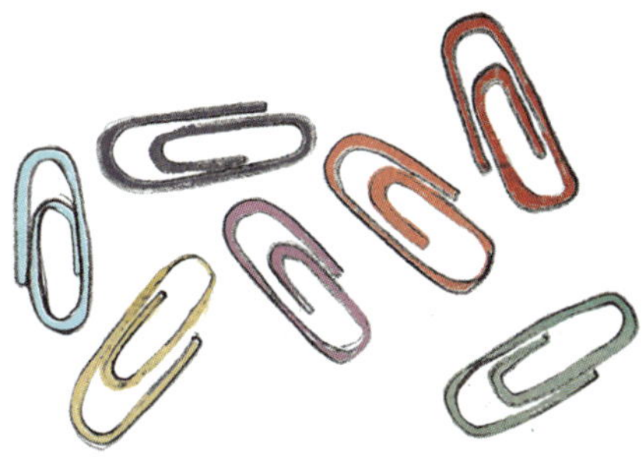

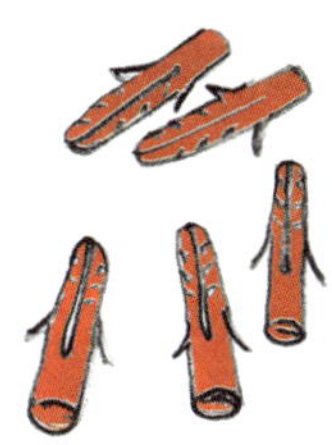

1 Mit Hilfe von Fünfern Mengen strukturieren und Anzahlen bestimmen. Zur Notation das Pluszeichen einführen und verwenden.

2 Fünfer einkreisen und Anzahlen bestimmen.

▸ Arbeitsheft, Seite 14

Zwei Fünfer sind zehn

1 Zehn kleine Zappelmänner zappeln hin und her.
Zehn kleinen Zappelmännern fällt das gar nicht schwer.

Zehn kleine Zappelmänner zappeln auf und nieder.
Zehn kleine Zappelmänner tun das immer wieder.

Zehn kleine Zappelmänner zappeln ringsherum.
Zehn kleine Zappelmänner, die sind gar nicht dumm.

Zehn kleine Zappelmänner spielen jetzt Versteck.
Zehn kleine Zappelmänner sind auf einmal weg.

2 Immer 10

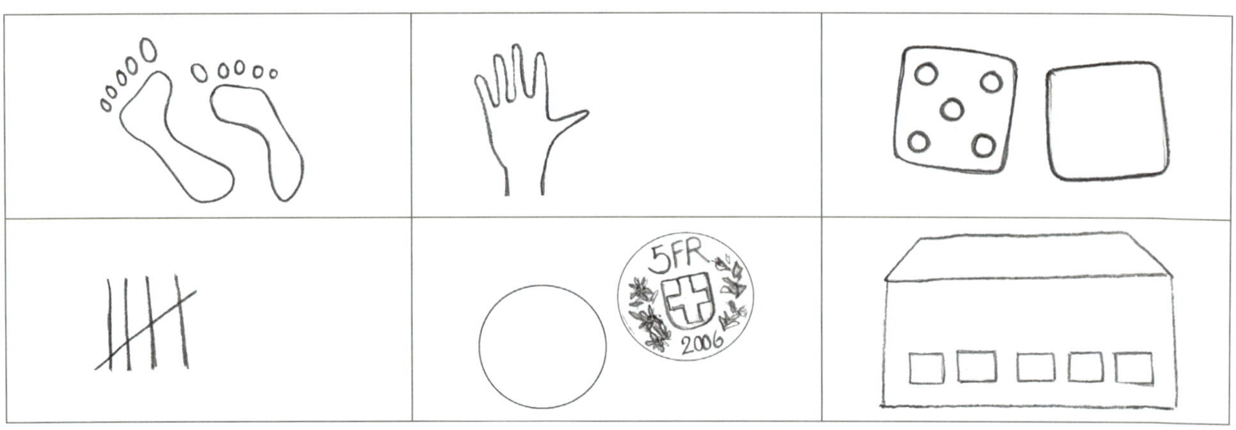

1 Zwei Hände – die Kraft der Fünf
2 Auf 10 ergänzen.

3 Immer 10

4 Immer 10

10

3–4 Immer 5 mit einer Farbe anmalen, dann 10 zusammenfassen.
Zahl 10 mit Ziffer 0 schreiben.

▸ Arbeitsheft, Seite 15

Zahlenknoten

Vor 1000 Jahren in Südamerika rechneten die Inkas mit Knotenschnüren.

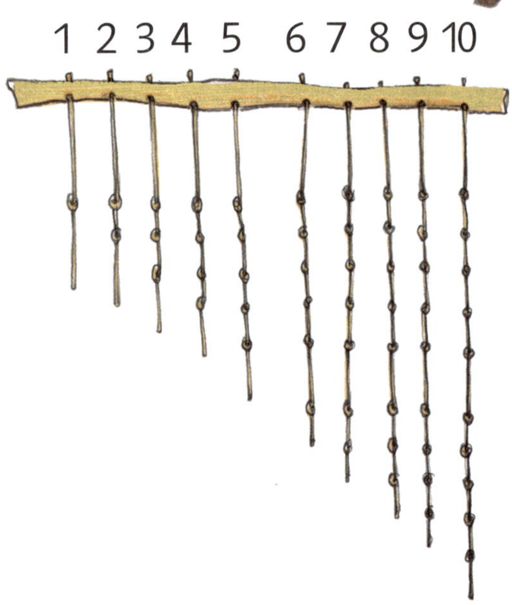

Einfacher Knoten

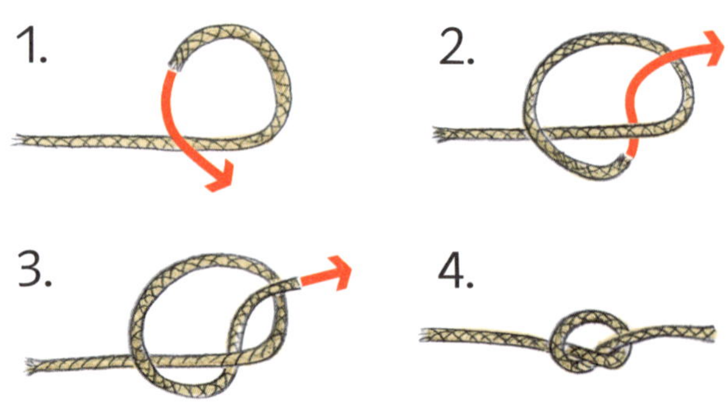

Informationen über Inkas und Knotenschnüre geben.
Ersten nützlichen Knoten üben.
Knotenschnüre unter Beachtung der «Kraft der Fünf» knüpfen. Mit verbundenen Augen «Knotenzahlen» fühlen.
Zahl 10 in der Umwelt ansprechen.

Auf einen Blick

1 Lege 7 auf einen Blick.

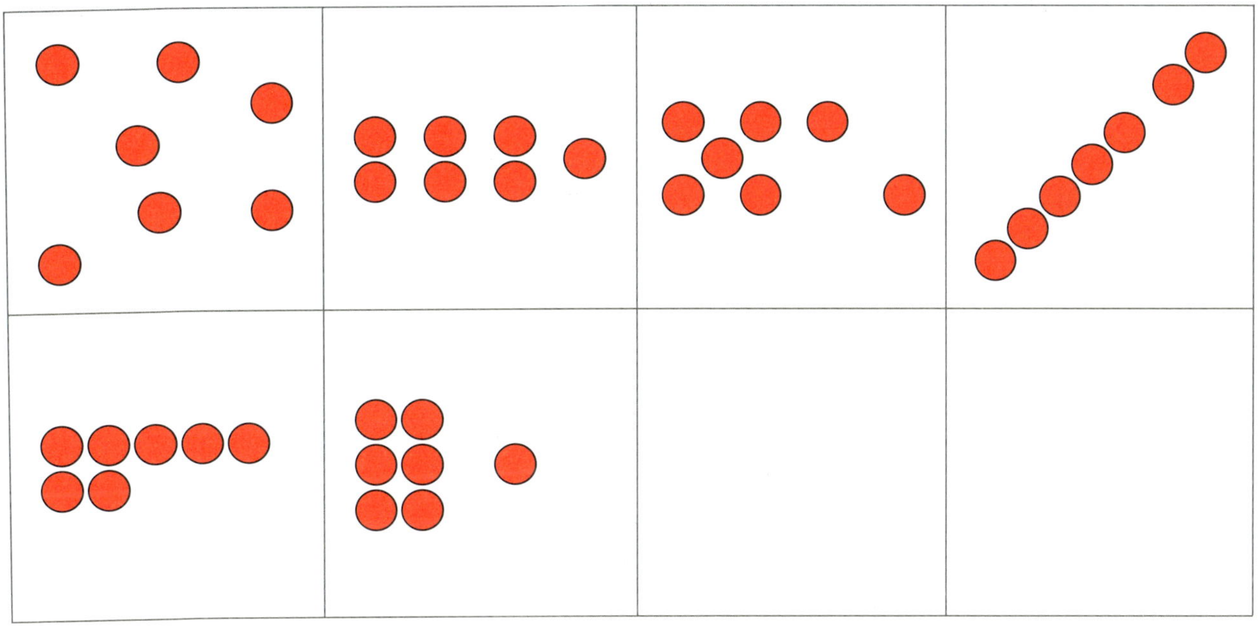

2 Lege 8 auf einen Blick und male.

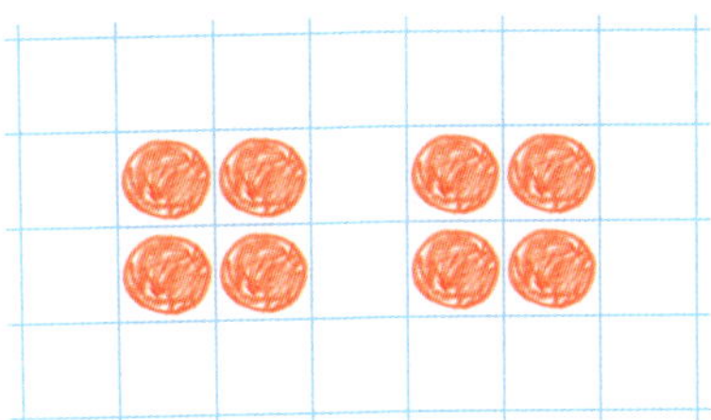

3 Lege 10 auf einen Blick und male.

Wie viele?
Übt immer wieder.

1–3 Plättchen zu vorgegebenen Zahlen strukturiert legen und ins Heft zeichnen.

ϟ Grundlegung «Wie viele?» besprechen. Kinder ermuntern, Anzahlen strukturiert zu legen. Im weiteren Unterricht regelmässig üben und automatisieren.

▸ Arbeitsheft, Seite 16

Zahlen bis 20

10 + 1	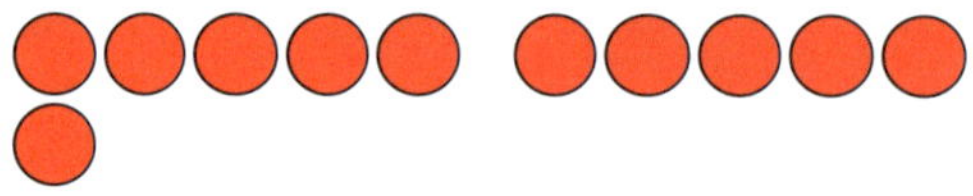	11
	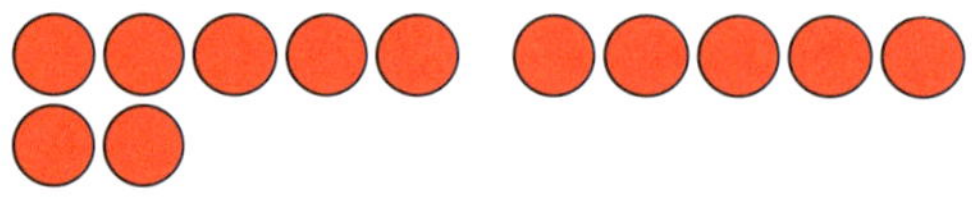	12
	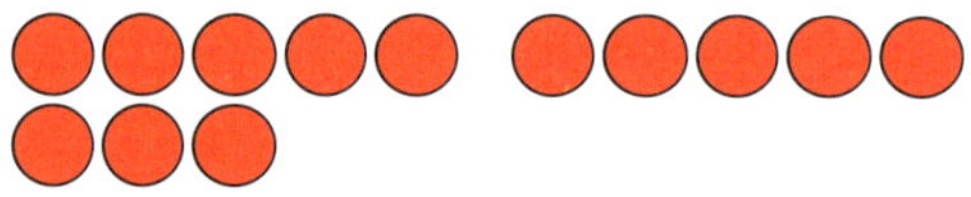	13
	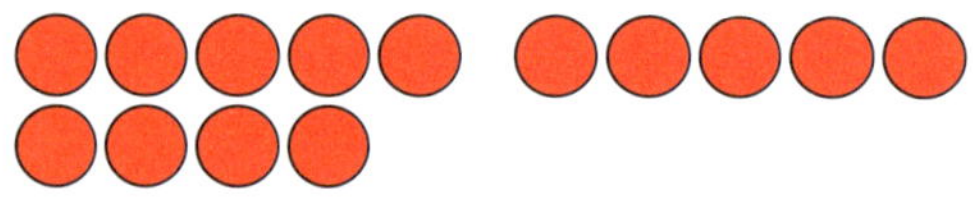	14
	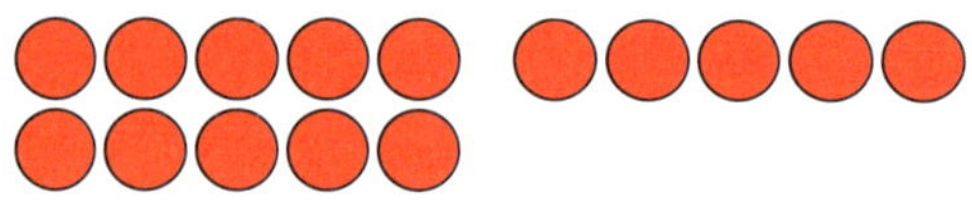	15

Mit Fünfern und Zehnern Anzahlen bestimmen.
Zahlen auf dem Zwanzigerfeld nachlegen.

	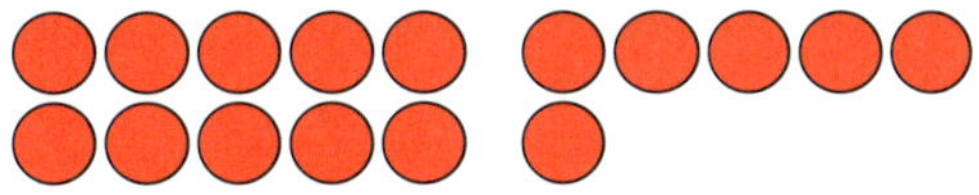	16
	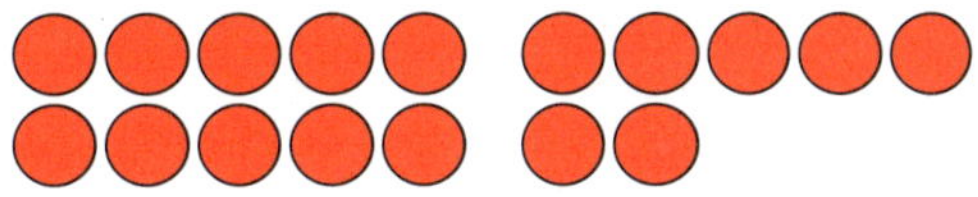	17
	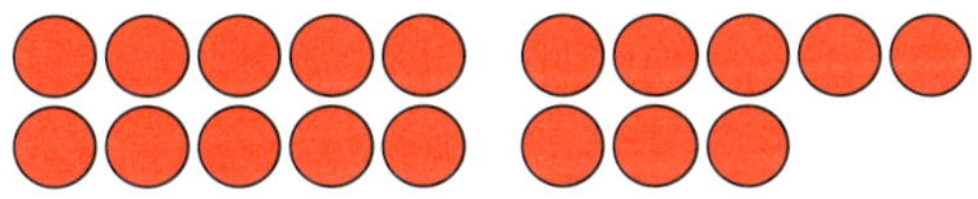	18
	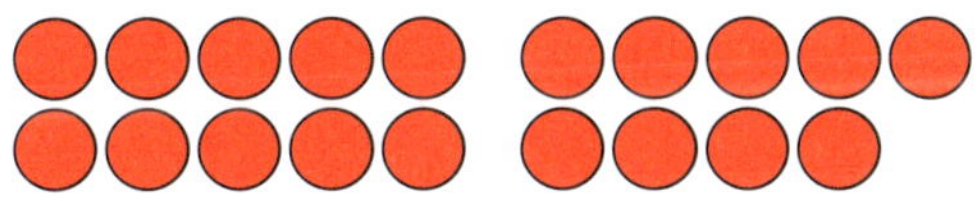	19
10 + 10	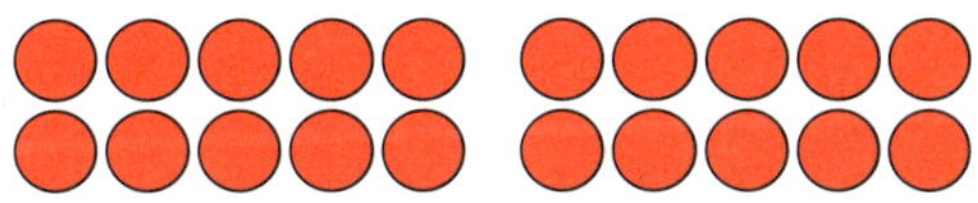	20

16 17 18 19 20

Mit Fünfern und Zehnern Anzahlen bestimmen.
Zahlen auf dem Zwanzigerfeld nachlegen.
► Arbeitsheft, Seite 17–19

Zwanzigerreihe

(1) (2) (3) (4) (5)   (6) (7) (8) (9) (10)   (11) (12) (13) (14) (15)   (16) (17) (18) (19) (20)

1 Wo verstecken sich die Zahlen?

2   3   7   8   12   13   16   18

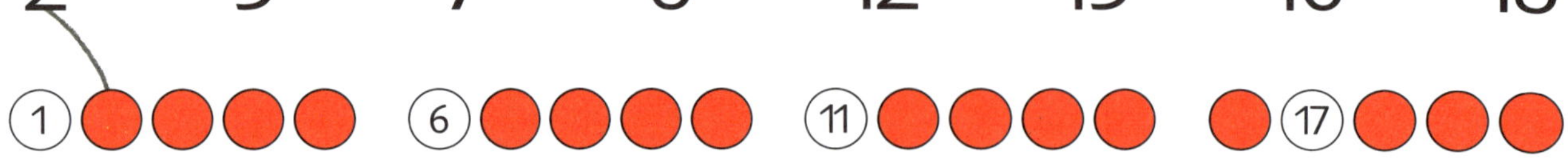

4   5   9   10   14   15   19   20

2

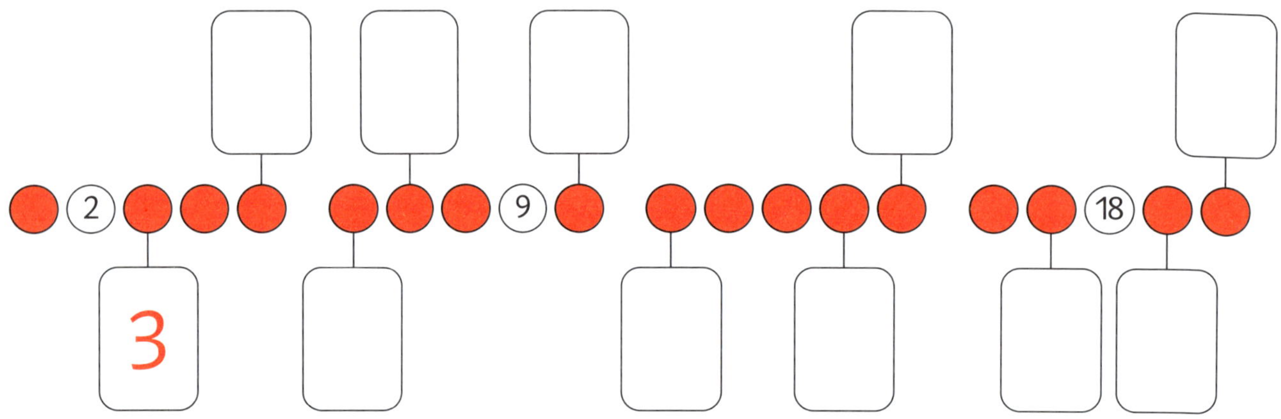

Zahlenreihe

Übt immer wieder.

1–2 Der Zwanzigerreihe Zahlen zuordnen. ▸ Kopiervorlage

ϟ Zur Grundlegung und zum Üben aufgeklappte Umschlagseite des Arbeitsheftes verwenden. Im weiteren Unterricht regelmässig üben und automatisieren.

3

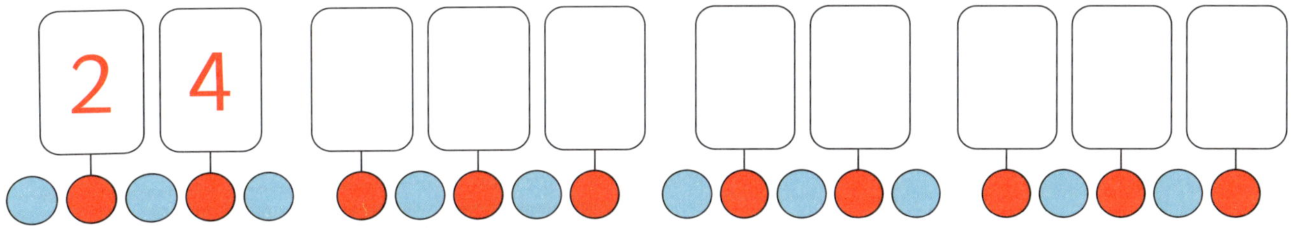

4

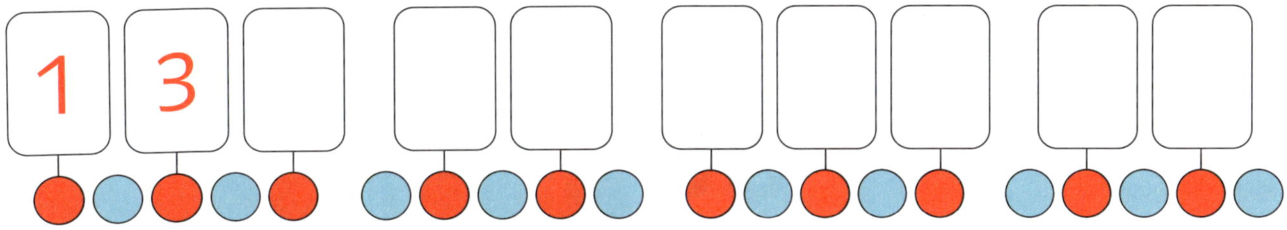

5

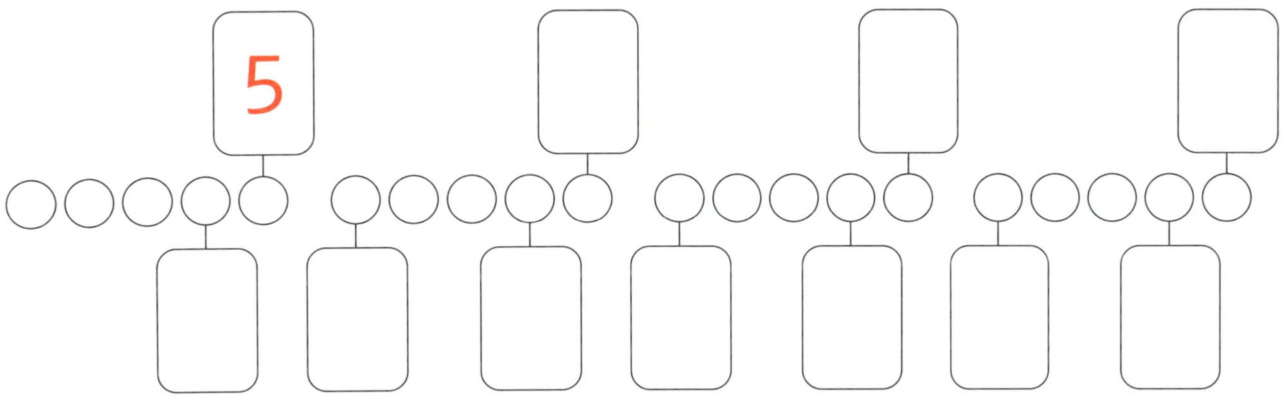

6 Zehn gewinnt.

3–4 Zahlenfolgen fortsetzen.

5 Fünferzahlen und ihre Nachbarn bestimmen.

6 Partnerspiel: Die Spieler Rot und Blau legen von 1 beginnend abwechselnd ein oder zwei Plättchen ihrer Farbe der Reihe nach hin. Wer die 10 legt, gewinnt.

► Arbeitsheft, Seite 20–22

Zahlen in der Umwelt

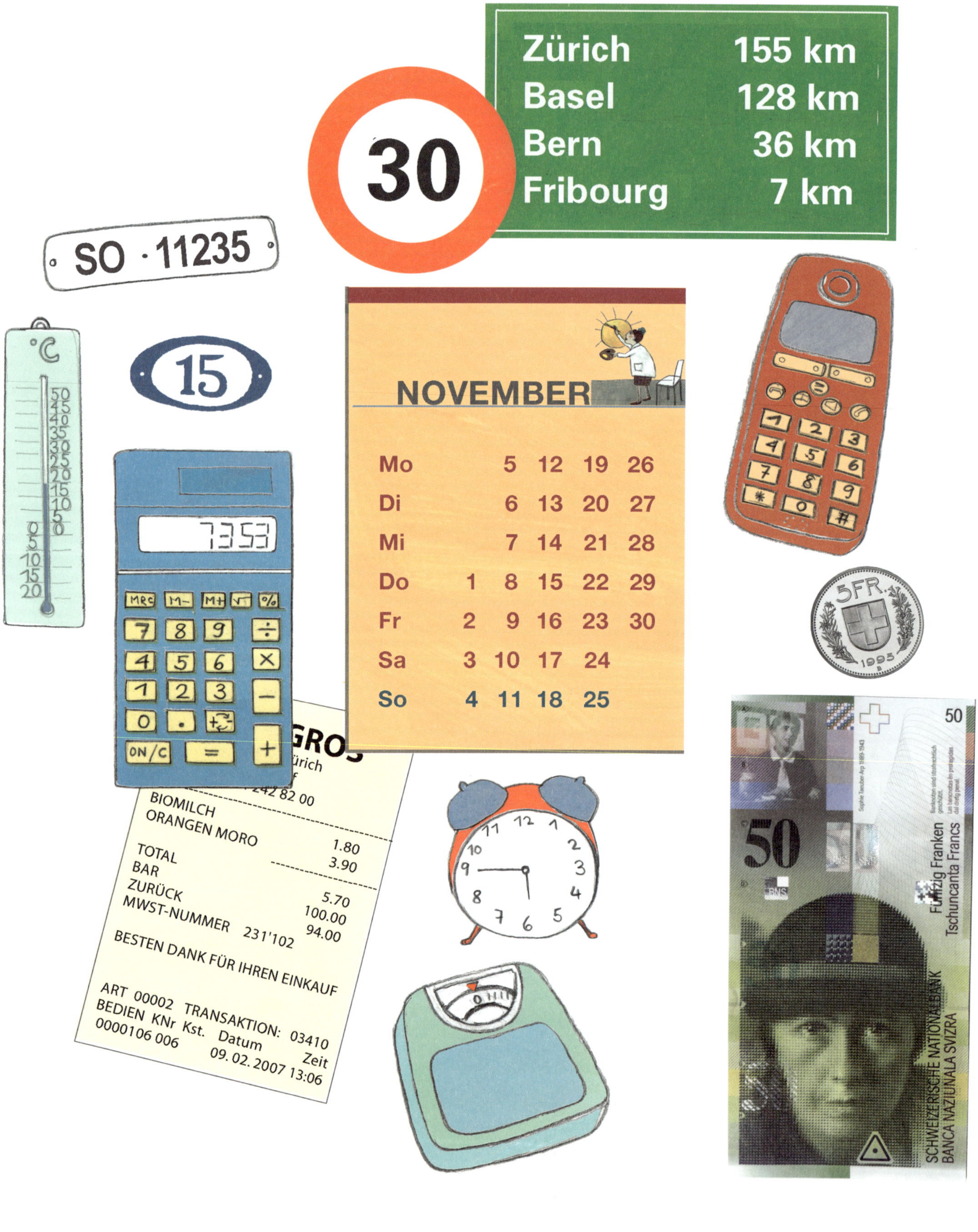

Zahlen aus der Umwelt wiedererkennen. Erzählen.
Selbst Bilder und Gegenstände mit Zahlen sammeln.

Formen in der Umwelt

1 Zeichne.

2 Was passt? Verbinde.

3 Beschreibe.

1 Von verschiedenen Gegenständen Umrisse herstellen.
2 Formen beschreiben, Umrisse zuordnen.
3 Formen benennen, Bedeutung klären.

Wendekarten

1

1 Zu den Punkten der Wendekarten passende Zahlen schreiben.

2

3

18

4

4 3 6 2

5

0 1 2 | 8 9 | 6

11 | 19 | 17

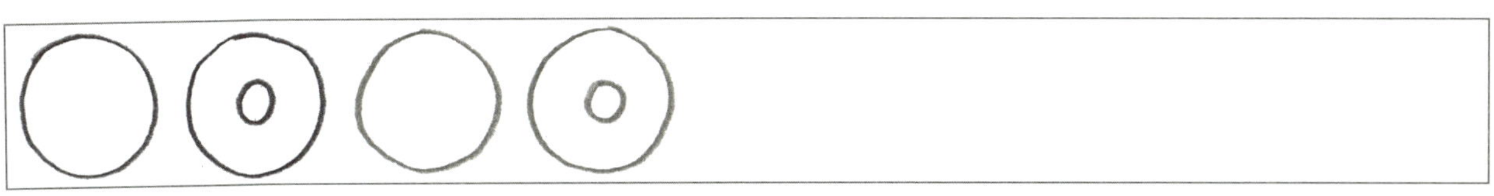

2 Zusammengehörende Punkte- und Zahlenkarten verbinden.
3 Passende Zahlen schreiben. 4 Passende Punkte malen.
5 Vorgänger und Nachfolger schreiben.
Muster fortsetzen.
▸ Arbeitsheft, Seite 23–24

Zerlegen

1 Zusammen immer 10

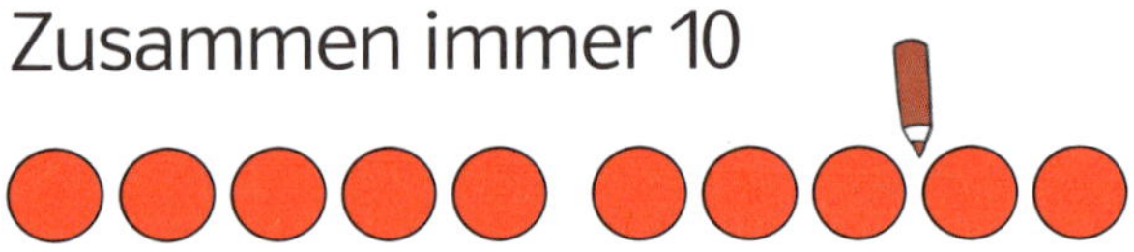

8 + 2

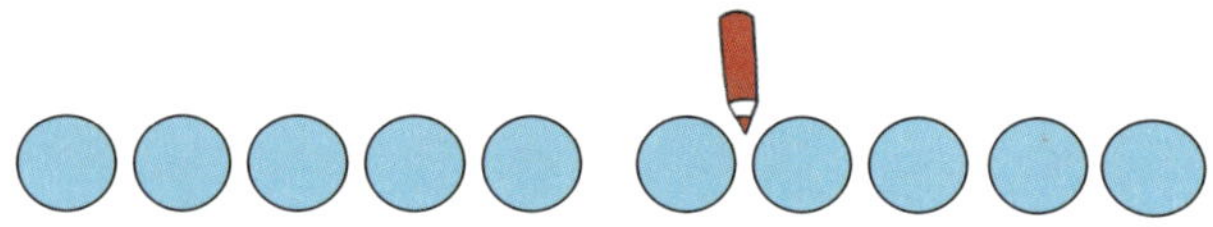

6 +

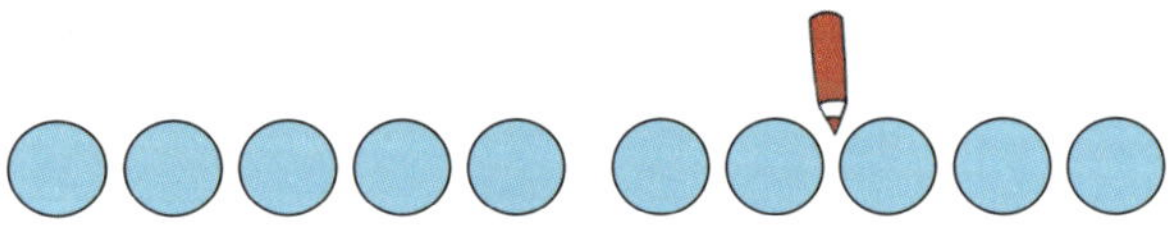

7 +

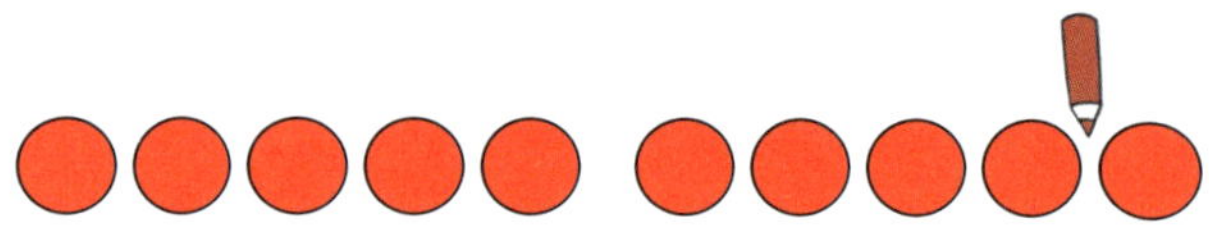

9 +

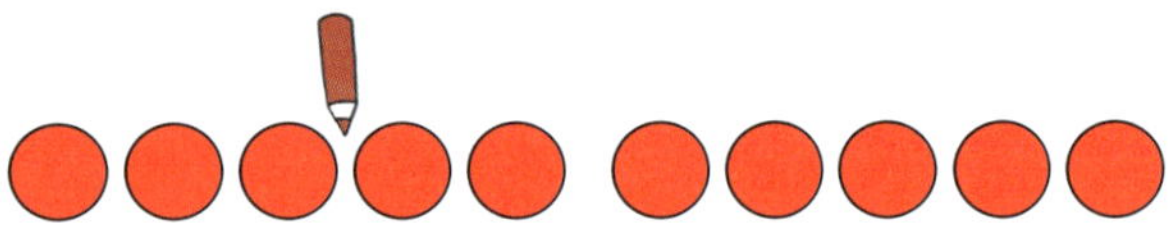

+

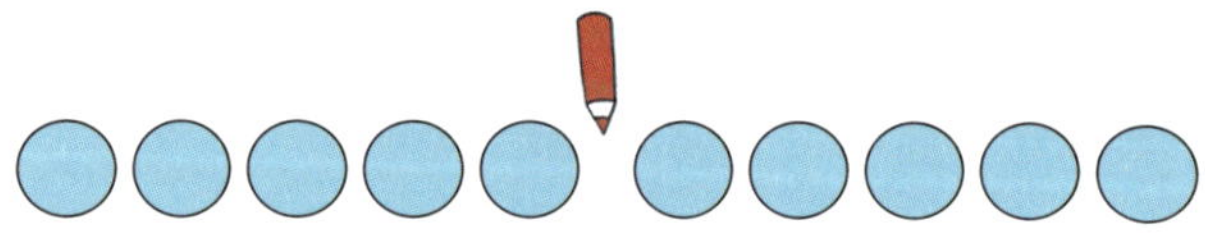

+

2 Zusammen immer 7

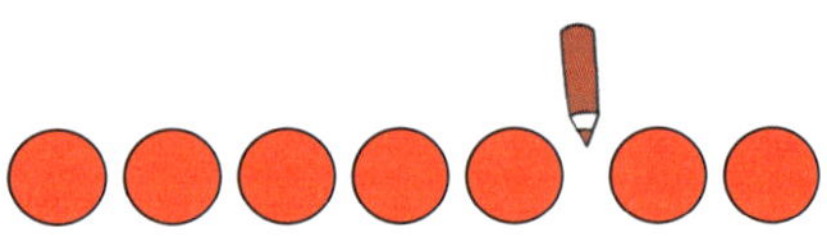

5 +

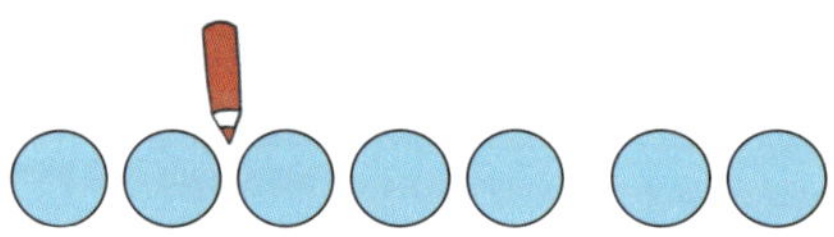

+

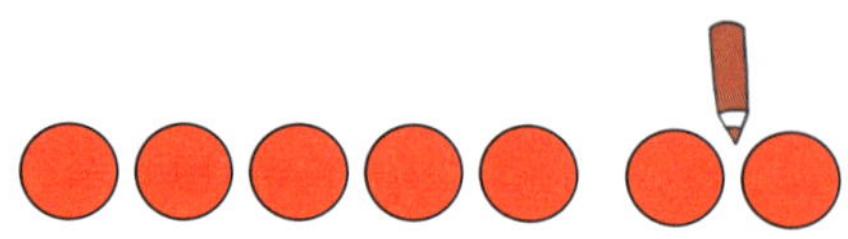

+

3 Zerlege auch 6.

4 Zerlege auch 8.

5 Zerlege auch 9.

Zerlegen

Übt immer wieder.

1–2 Zahlzerlegungen notieren.

3–5 In Partnerarbeit lösen, evtl. Zerlegungen im Heft notieren.

ϟ Zur Grundlegung und zum Üben aufgeklappte Umschlagseite des Arbeitsheftes verwenden. Im weiteren Unterricht mit verschiedenen Anzahlen regelmässig üben und automatisieren.

► Arbeitsheft, Seite 25

Zahlenhäuser

1

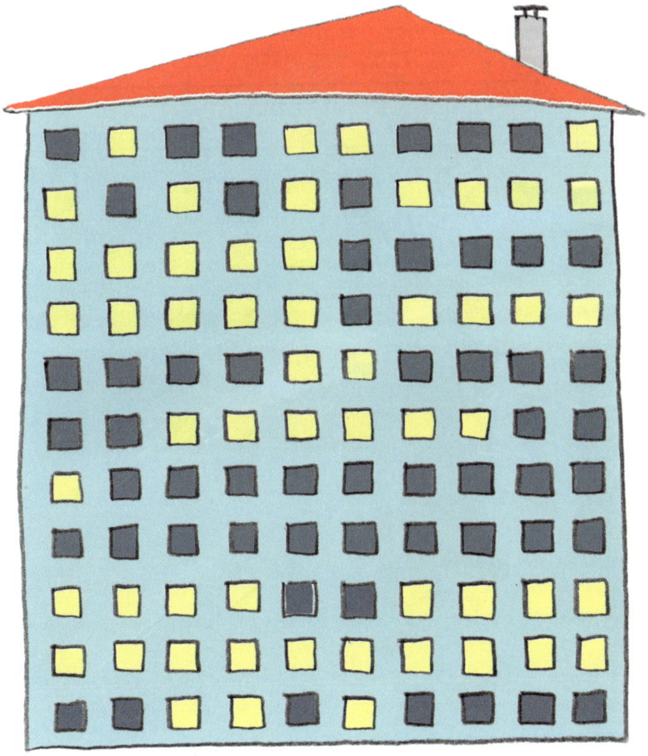

 | 

10

4 + 6
7 + 3
+
+
+
+
+
+
+
+
+

2 Lege. Schreibe.

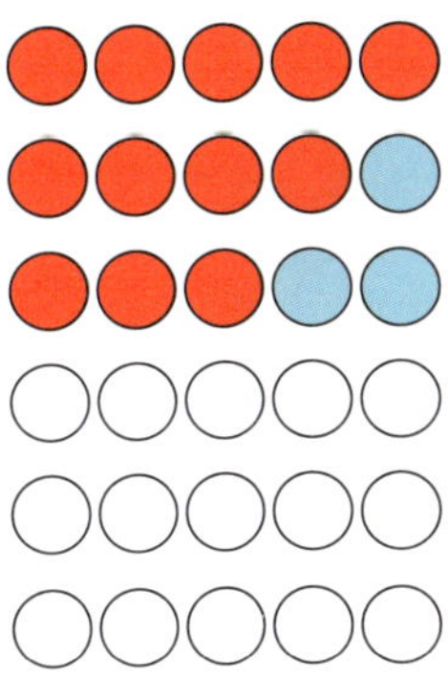

5

5 + 0
+
+
+
+
+

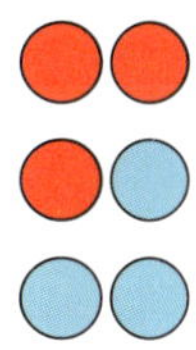

2

2 + 0
+
+

3 Lege. Schreibe.

3

+
+
+
+

4

+
+
+
+
+

6

+
+
+
+
+
+
+

7

+
+
+
+
+
+
+
+

1 Beleuchtete und unbeleuchtete Fenster zählen, entsprechende Zerlegungen im Zahlenhaus notieren.

2–3 Zerlegen und aufschreiben. ▸ Kopiervorlage

▸ Arbeitsheft, Seite 25

Immer gleich viel

1 Immer 10

10

+

+

+

+

Immer 9

9

+

+

+

+

Immer 11

11

+

+

+

+

2 Zusammen 8

5 + 3

+

+

+

3 Zusammen 12

10 + 2

+

+

+

Suche weitere Beispiele.

1 Zahl zerlegen und Zerlegungen im Zahlenhaus notieren. ▸ Kopiervorlage

2–3 Wendekarten legen, Punkte ergänzen, Zerlegungen notieren.

Immer 10 – immer 20

1 Lege Zahlen am Zwanzigerfeld.

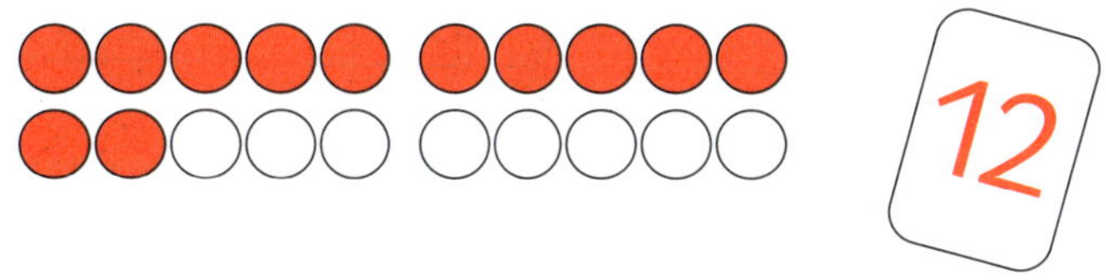

2 Immer 10

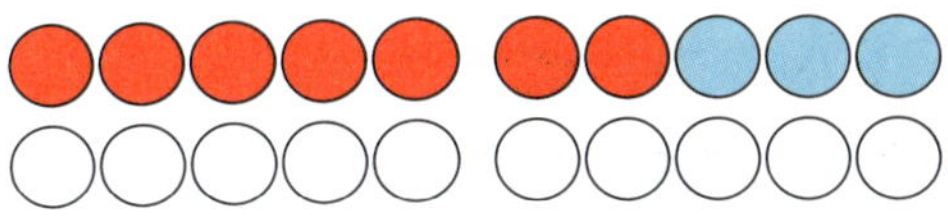

7 + ……………………

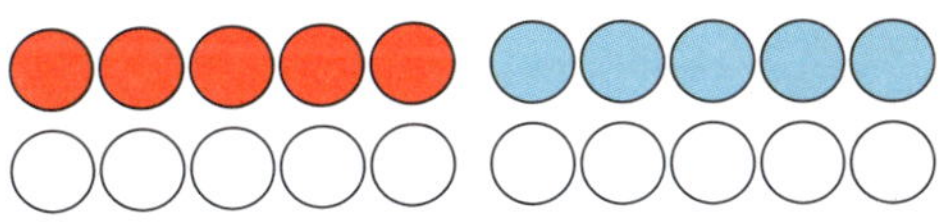

\+ ……………………

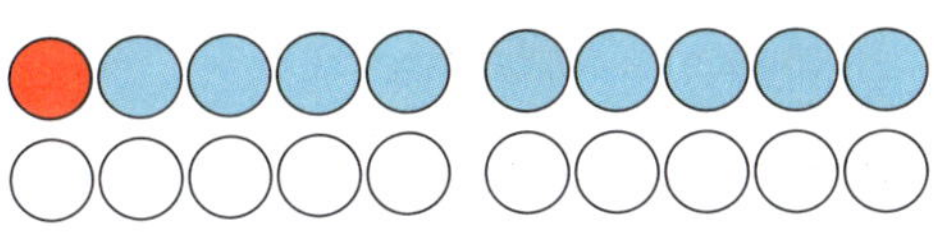

\+ ……………………

Immer 20

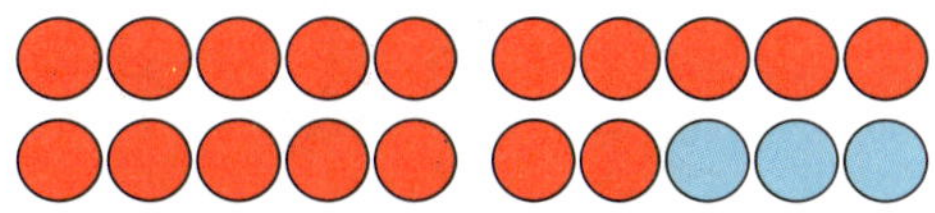

17 + ……………………

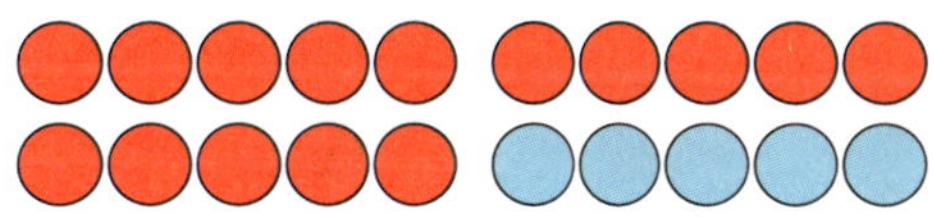

\+ ……………………

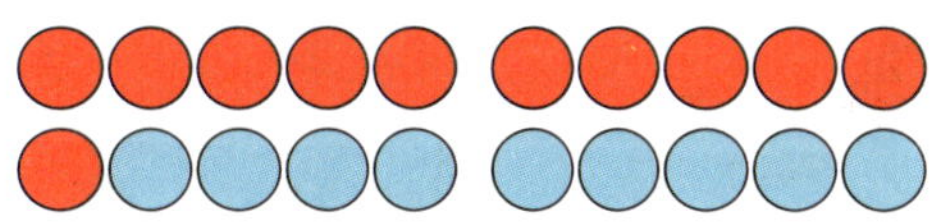

\+ ……………………

Lege ebenso: immer 10, immer 20

ϟ **Immer 20**

Übt immer wieder.

1 Zahlen am Zwanzigerfeld legen. Besprechen, wie gelegt wurde. ▸ Kopiervorlage

2 Analogieaufgaben zum Ergänzen auf 10 und 20 legen und schreiben. Zehneranalogie besprechen. ▸ Kopiervorlage

ϟ Zur Grundlegung und zum Üben aufgeklappte Umschlagseite des Arbeitsheftes verwenden.

▸ Arbeitsheft, Seite 26

Der Reihe nach

1

1.	2.	3.				

2

	2.					

3

4

1.		3.					8.					13.

1–3 Situationen nachspielen und besprechen.
1–4 Ordnungszahlen eintragen.
► Arbeitsheft, Seite 27

Längen messen und vergleichen

1 Miss und vergleiche Längen.

2 Vergleiche und ordne.

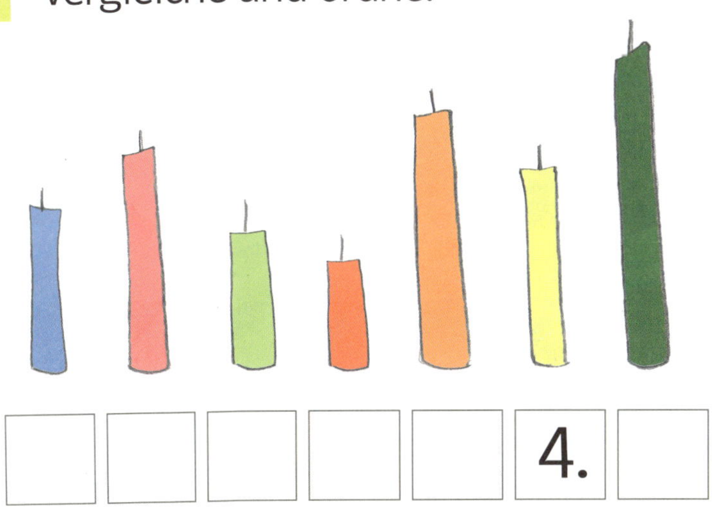

3

1 Erzählen, messen, vergleichen, ordnen.
2–3 Der Länge nach ordnen.

Münzen und Noten

1 Unser Geld?

2 Trage ein.

3 Vom Kleinsten zum Grössten

1 Schweizer Geld markieren.
2 Geldwerte eintragen.
3 Geld der Grösse nach ordnen.

Geld zählen

1 Immer 10 Franken

2 Immer 20 Franken

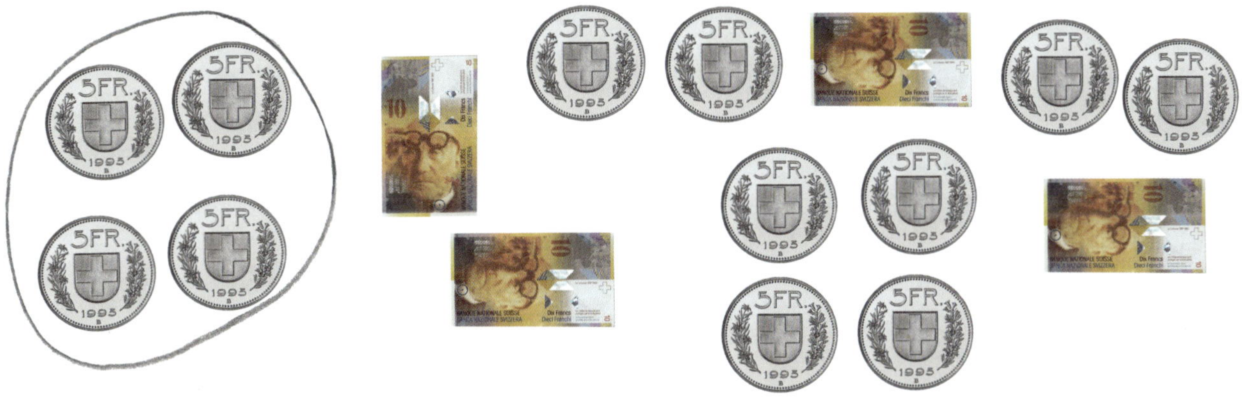

3 Wie viel?

.... Fr.

.... Fr.

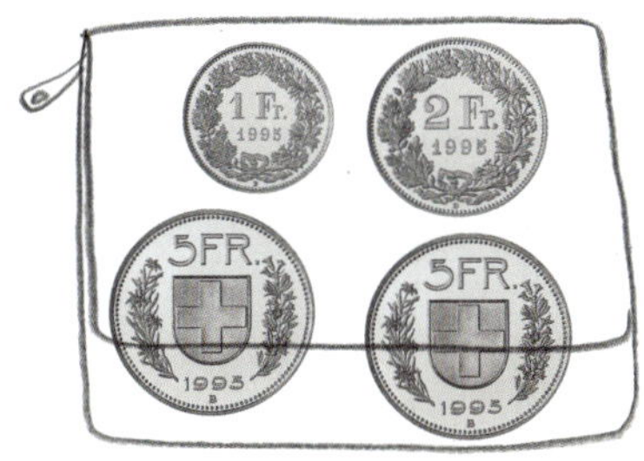

.... Fr.

.... Fr.

.... Fr.

.... Fr.

4 Lege 11 Franken.

5 Lege 17 Franken.

6 Lege 19 Franken.

1–3 Geldbeträge bestimmen.
4–6 Geldbeträge legen.
► Arbeitsheft, Seite 28

Was der Spiegel alles kann!

1 Mache ganz.

2 Mache lang, mache kurz.

3 Lies.

mit

OTTO

Lisa

1–3 Mit dem Spiegel probieren und verändern.

Viel und wenig

1

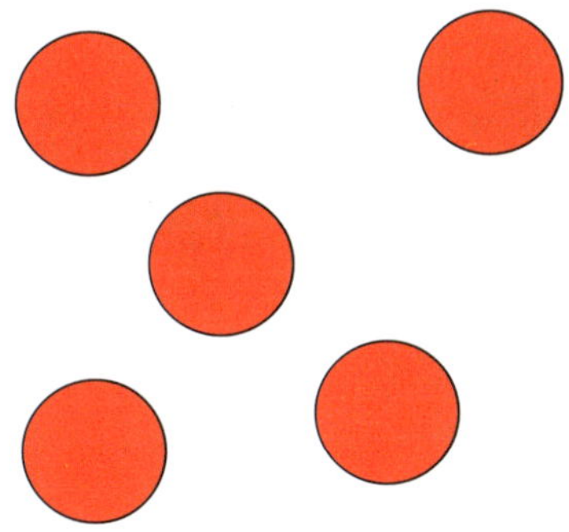

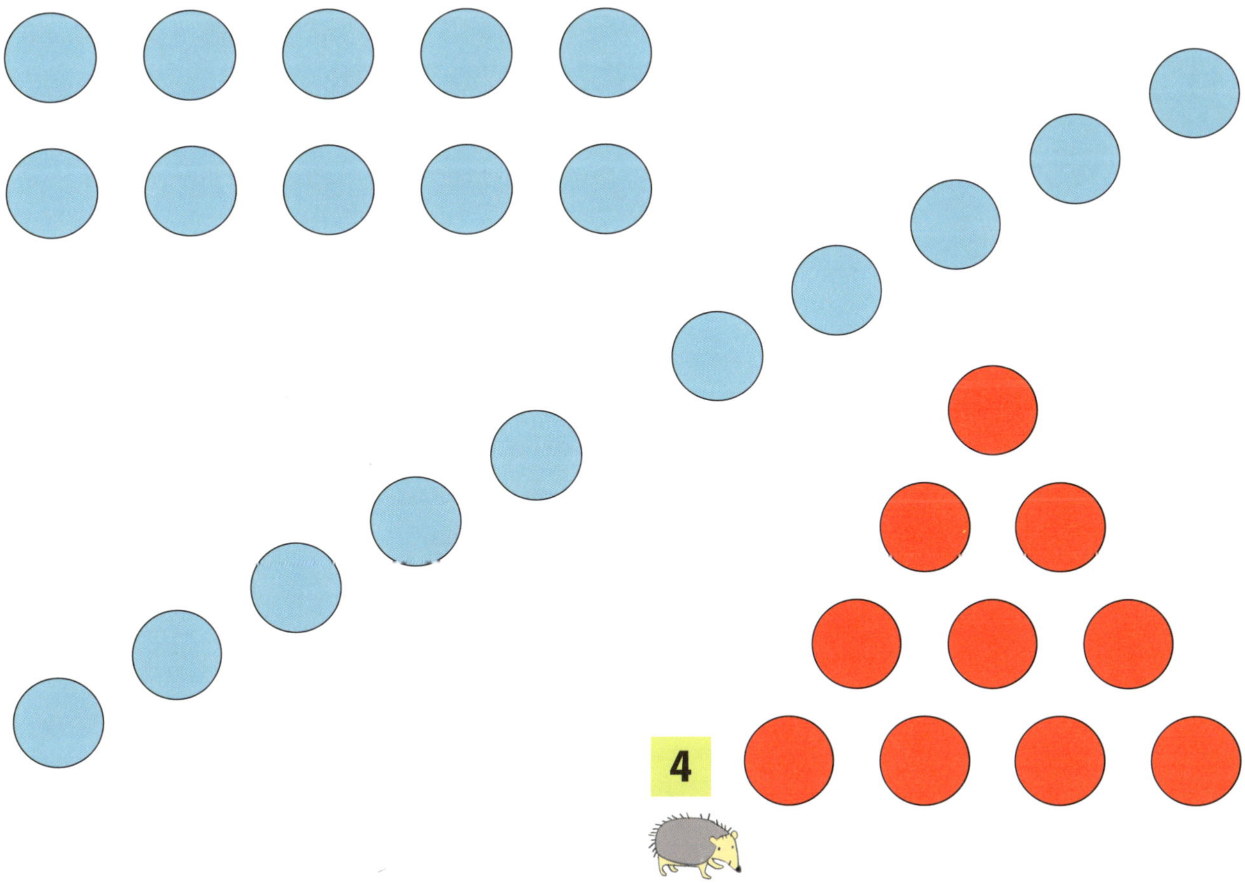

2

3

4

1–4 Mit dem Spiegel Punktmuster verändern und möglichst viele verschiedene Anzahlen herstellen.
Muster fortsetzen.

Verdoppeln mit dem Spiegel

1

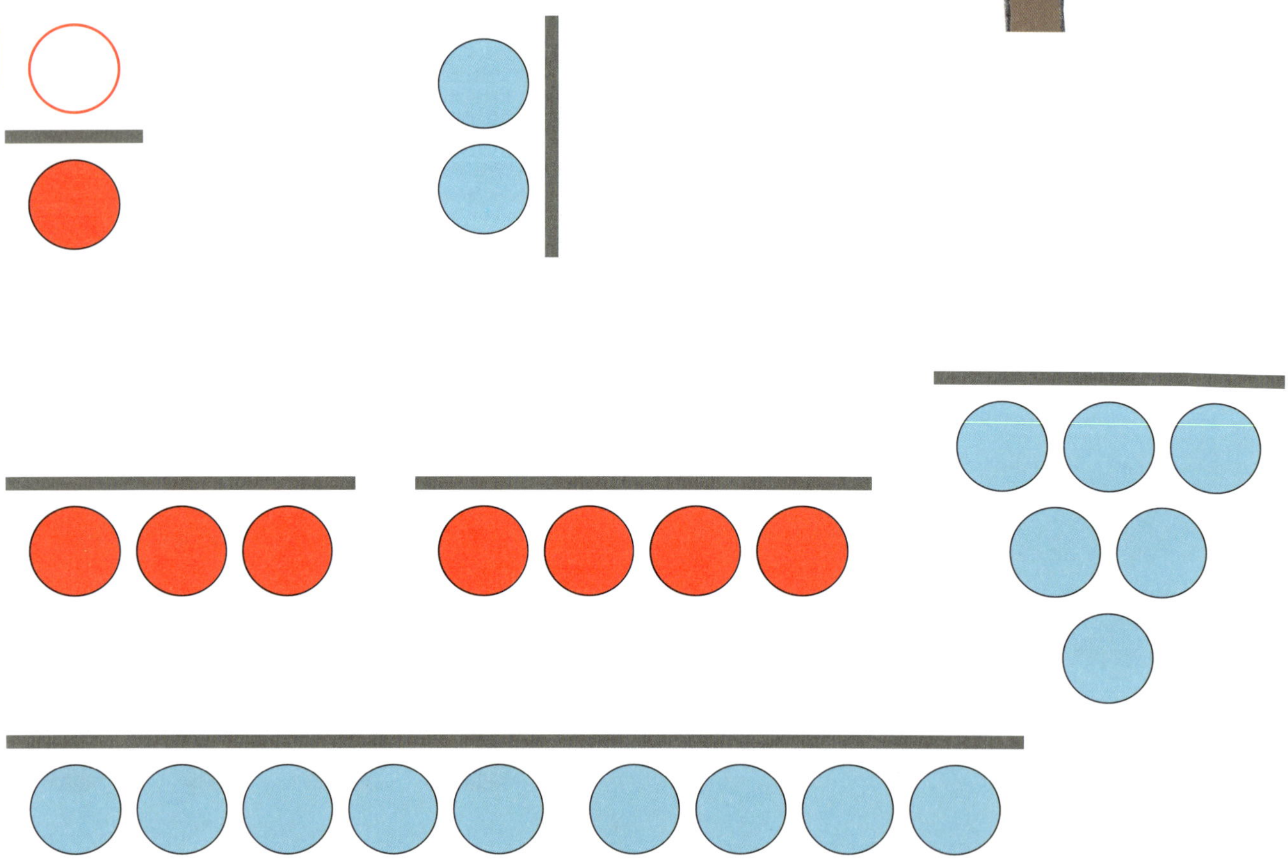

2 Aus 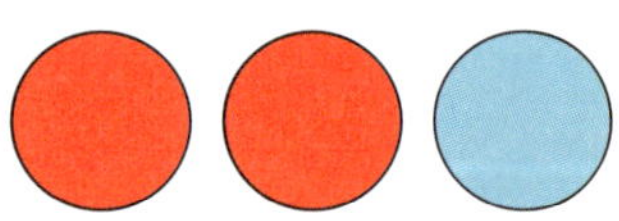 mache 

1 Muster an der Spiegelachse spiegeln. Jeweils Anzahl und das Doppelte bestimmen.
2 Den Spiegel benutzen.

► Arbeitsheft, Seite 29

Verdoppeln von Anzahlen

1

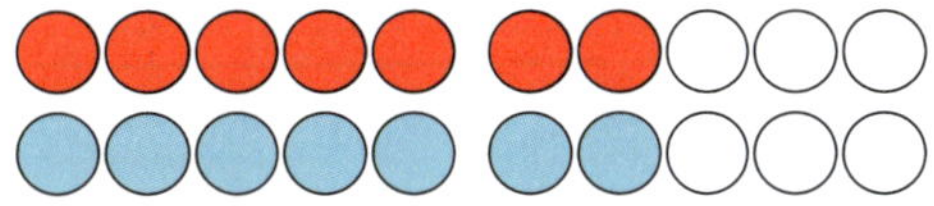

7 + 7 = 14 7 plus 7 gleich 14

+ = ...

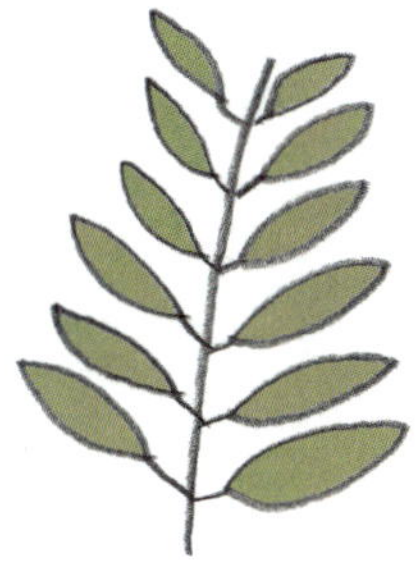

+ = ...

2 Lege, rechne und vergleiche.

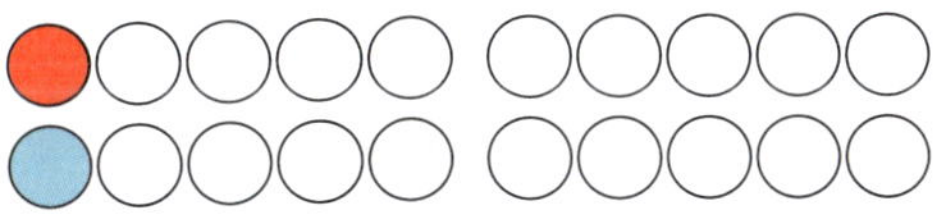

1 + 1 = ...

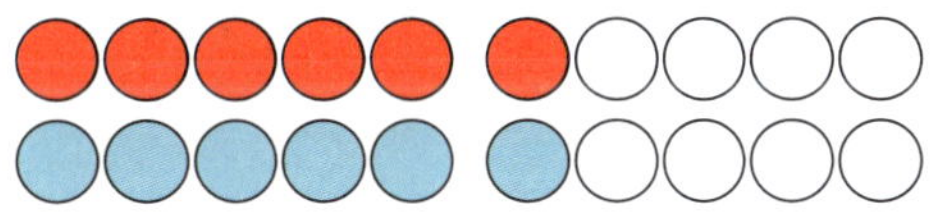

6 + 6 = ...

2 + 2 =	3 + 3 =	4 + 4 =	5 + 5 =
7 + 7 =	8 + 8 =	9 + 9 =	10 + 10 =

3 Sascha hat 8 Bücher. Lea hat doppelt so viele.

Verdoppeln

Übt immer wieder.

1 Verdopplungsaufgaben mit Plättchen nachlegen und rechnen. Gleichheitszeichen besprechen.
2 Aufgaben legen und rechnen. Fünfertrick besprechen: 6 + 6 = (5 + 5) + (1 + 1).
3 Sachaufgabe lösen, bei Bedarf darstellen.
ϟ Zur Grundlegung und zum Üben aufgeklappte Umschlagseite des Arbeitsheftes verwenden.
► Arbeitsheft, Seite 29

Plusaufgaben

3 + 2 = 5

5 + 2 = ...

1 + 3 = ...

2 + 3 = ...

3 +   = ...

5 +   = ...

1

4 + 4 =	5 + 4 =
3 + 3 =	5 + 3 =
5 + 5 =	5 + 2 =

Einführung der Addition
Zu Sachsituationen erzählen, Plusaufgaben aufschreiben und lösen.

2

2 + 6 =	5 + 4 =
6 + 2 =	4 + 5 =
6 + 3 =	5 + 5 =

3 Finde eigene Plusaufgaben.

Rechenwege bei Plusaufgaben

1 8 + 7 =

Wie rechnest du? Wie rechnen die Kinder?

2 Verändere 8 + 7.

A
8 + 7 =
8 + 6 =
8 + 5 =
8 + 4 =

B
8 + 7 =
7 + 7 =
6 + 7 =
5 + 7 =

C
8 + 7 =
8 + 8 =
8 + 9 =
8 + 10 =

D
8 + 7 =
9 + 7 =
10 + 7 =
11 + 7 =

1 Verschiedene Rechenwege der Kinder zulassen und besprechen.
2 Aufgabe «8 + 7» verändern.

Einfache Plusaufgaben

1

3 + 1 = ...

3 + 4 = ...

2 + 2 + 1 = ...

2

1 + 1 = ...	10 + 2 = ...
5 + 1 = ...	10 + 5 = ...
8 + 1 = ...	10 + 4 = ...
13 + 1 = ...	10 + 8 = ...
19 + 1 = ...	10 + 10 = ...

3

1 + 2 = ...	4 + 4 = ...
2 + 3 = ...	4 + 3 = ...
3 + 4 = ...	2 + 4 = ...
4 + 5 = ...	4 + 1 = ...
5 + 4 = ...	4 + 0 = ...

4 Rechne im Heft.

3 + 2
4 + 1
2 + 3
1 + 4
0 + 5

3+2=5
4+1=

5 Rechne im Heft.

8 + 2	5 + 4	7 + 1
9 + 1	5 + 1	7 + 2
7 + 3	5 + 3	6 + 2
6 + 4	5 + 5	6 + 3
5 + 5	5 + 2	6 + 1

Plusaufgaben
Übt immer wieder.

Aufgaben legen.

Aufgaben rechnen.

1–5 Einfache Plusaufgaben rechnen.
ϟ Zur Grundlegung und zum Üben aufgeklappte Umschlagseite des Arbeitsheftes verwenden.

Plusaufgaben verändern

1

1 + 1 =	3 + 3 =	5 + 5 =
2 + 2 =	3 + 4 =	5 + 4 =
3 + 3 =	3 + 5 =	6 + 4 =
4 + 4 =	4 + 5 =	6 + 5 =
5 + 5 =	4 + 4 =	6 + 6 =

2

10 + 10 =	7 + 7 =	9 + 9 =
9 + 9 =	7 + 8 =	9 + 8 =
8 + 8 =	7 + 9 =	9 + 7 =
+ =	+ =	+ =

3

10 + 0 =	5 + 10 =	10 + 2 =
8 + 2 =	6 + 9 =	8 + 4 =
6 + 4 =	7 + 8 =	6 + 6 =
+ =	+ =	+ =

4 Verwandte Aufgaben

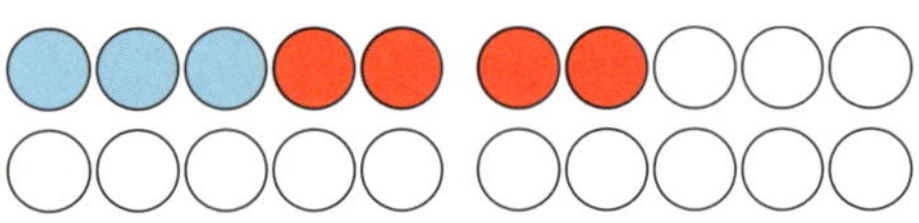

3 + 4 =

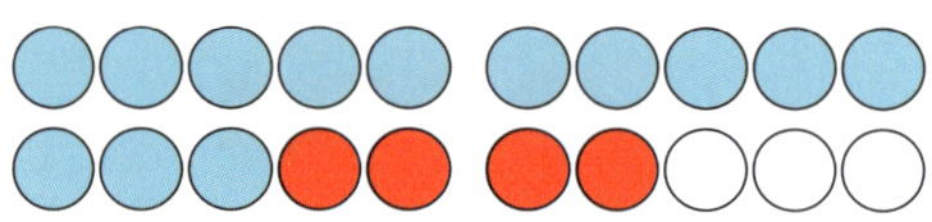

13 + 4 =

5 + 2 =	5 + 5 =	7 + 0 =
15 + 2 =	15 + 5 =	17 + 0 =

4 + 5 =	0 + 6 =	3 + 3 =
14 + 5 =	10 + 6 =	13 + 3 =

1–3 Die erste Aufgabe mit Plättchen legen und bei Bedarf durch Wegnehmen, Dazulegen, Wenden verändern. Beziehungen zwischen den Aufgaben besprechen.

4 Verwandtschaft im ersten und zweiten Zehner besprechen.

► Arbeitsheft, Seite 31–32

Tauschaufgaben

1

2 + 3 = ……

3 + 2 = ……

2 Welche Aufgabe findest du leichter?

6 + 5 =	6 + 4 =	1 + 19 =	10 + 3 =
5 + 6 =	4 + 6 =	19 + 1 =	3 + 10 =
8 + 7 =	7 + 6 =	5 + 15 =	2 + 8 =
7 + 8 =	6 + 7 =	15 + 5 =	8 + 2 =

3 Tauschaufgaben haben immer das gleiche Ergebnis.
Warum?

4 Rechne die Aufgabe oder die Tauschaufgabe.

5 + 3 =	10 + 3 =	1 + 12 =	4 + 16 =
3 + 8 =	5 + 9 =	2 + 13 =	15 + 3 =
3 + 11 =	11 + 3 =	3 + 14 =	14 + 2 =

5 Rechne geschickt.

7 + 2 =	5 + 8 =	9 + 1 =	5 + 10 =
2 + 7 =	8 + 4 =	7 + 3 =	6 + 9 =
6 + 3 =	8 + 5 =	6 + 5 =	8 + 7 =
6 + 4 =	7 + 6 =	3 + 7 =	9 + 6 =
3 + 6 =	6 + 7 =	1 + 9 =	10 + 5 =

1–2 Tauschaufgaben lösen.
3 Die Anzahl ist unabhängig von der Anordnung der Plättchen.
4 Rechenvorteil bei Tauschaufgaben besprechen.
5 Reihenfolge der Aufgabenbearbeitung selber bestimmen.
▸ Arbeitsheft, Seite 33

Minusaufgaben

5 − 2 = ……

4 − 1 = 3

1

5 − 1 = ……	8 − 3 = ……
6 − 2 = ……	8 − 2 = ……
7 − 3 = ……	7 − 2 = ……

Einführung der Subtraktion.
Zu Sachsituationen erzählen, Minusaufgaben aufschreiben und lösen.

2

9 − 2 =	6 − 5 =
9 − 4 =	6 − 1 =
9 − 6 =	7 − 6 =

3 Finde eigene Minusaufgaben.

Zu Sachsituationen erzählen, Minusaufgaben aufschreiben und lösen.
1–2 Minusaufgaben lösen.
3 Eigene Minusaufgaben erfinden.
► Arbeitsheft, Seite 34

Rechenwege bei Minusaufgaben

1 11 – 5 = ...

Wie rechnest du?
Wie rechnen die Kinder?

2 Verändere 11 – 5.

A		B		C		D	
	11 – 5 =		11 – 5 =		11 – 5 =		11 – 5 =
	11 – 4 =		11 – 6 =		10 – 5 =		12 – 5 =
	11 – 3 =		11 – 7 =		9 – 5 =		13 – 5 =
	11 – 2 =		11 – 8 =		8 – 5 =		14 – 5 =
	11 – 1 =		11 – 9 =		7 – 5 =		15 – 5 =

3 Rechne im Heft.

A
15 – 10
15 – 11
15 – 12
15 – 13
…

15-10=5
15-11=

B
10 – 5
11 – 6
12 – 7
13 – 8
…

C
10 – 1
11 – 2
12 – 3
13 – 4
…

1 Verschiedene Rechenwege der Kinder zulassen und besprechen.
2 Aufgabe «11 – 5» verändern.
3 Aufgaben rechnen, bei Bedarf legen, Muster besprechen und fortsetzen.

Einfache Minusaufgaben

1

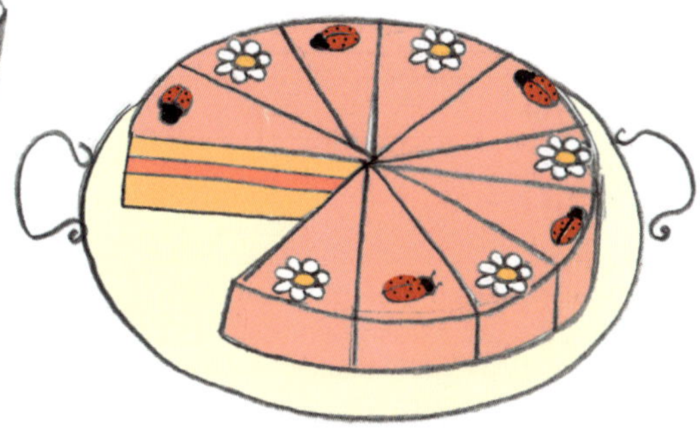

6 − 1 = ……

10 − 3 = ……

12 − 2 = ……

2

11 − 1 = ……
11 − 10 = ……
14 − 4 = ……
20 − 10 = ……
14 − 3 = ……

15 − 10 = ……
15 − 1 = ……
5 − 1 = ……
13 − 2 = ……
15 − 2 = ……

3

3 − 2 = ……
5 − 3 = ……
7 − 4 = ……
9 − 5 = ……
……

7 − 1 = ……
8 − 2 = ……
9 − 3 = ……
10 − 4 = ……
……

4 Rechne im Heft.

9 − 5
9 − 4
8 − 5
8 − 3
7 − 3

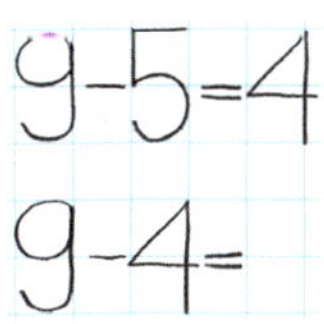

5 Rechne im Heft.

10 − 3	12 − 3	8 − 0
10 − 5	13 − 4	5 − 0
10 − 6	14 − 5	10 − 0
10 − 7	16 − 5	10 − 10
10 − 9	17 − 6	11 − 11

Minusaufgaben
Übt immer wieder.

Aufgaben legen.

Aufgaben rechnen.

1–5 Einfache Minusaufgaben rechnen. Bei Bedarf mit Plättchen legen.
3 Muster besprechen und fortsetzen.
ϟ Zur Grundlegung und zum Üben aufgeklappte Umschlagseite des Arbeitsheftes verwenden.

Minusaufgaben verändern

1

10 – 5 =
10 – 4 =
10 – 3 =
10 – 2 =
10 – 0 =

9 – 4 =
9 – 5 =
9 – 6 =
9 – 7 =
9 – 9 =

15 – 3 =
15 – 4 =
15 – 5 =
15 – 6 =
15 – 8 =

2

10 – 5 =
11 – 5 =
12 – 5 =
13 – 5 =
14 – 5 =

9 – 7 =
10 – 7 =
11 – 7 =
12 – 7 =
14 – 7 =

16 – 9 =
15 – 9 =
14 – 9 =
13 – 9 =
12 – 9 =

3 Verwandte Aufgaben

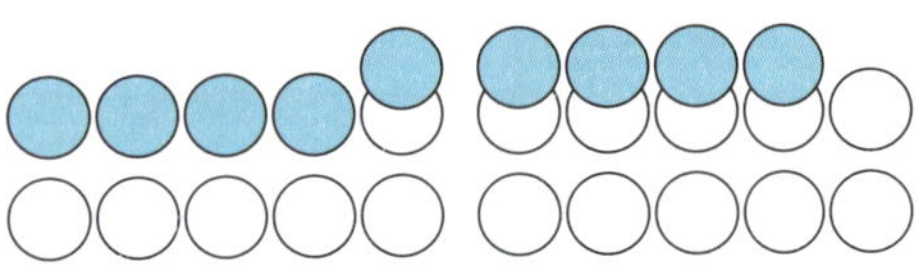

9 – 5 =

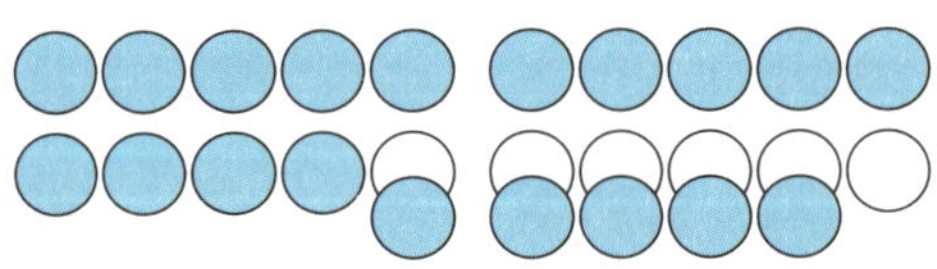

19 – 5 =

8 – 3 =
18 – 3 =

7 – 2 =
17 – 2 =

4 – 4 =
14 – 4 =

8 – 6 =
18 – 6 =

7 – 5 =
17 – 5 =

9 – 8 =
19 – 8 =

4 11 Kinder spielen. 3 davon sind Knaben.

5 Jana hat  Sie kauft 

1–2 Operative Päckchen und verwandte Minusaufgaben lösen, bei Bedarf mit Plättchen legen.
3 Verwandtschaft im ersten und zweiten Zehner besprechen.
4–5 Sachaufgaben lösen, bei Bedarf darstellen.
▸ Arbeitsheft, Seite 35

Minusaufgaben erkennen

1 A 12 Würste. Flips nimmt 3. 12 – ⠀ = ……………………

B Was ist passiert?

12 – 4 = ……………………

12 – 7 = ……………………

12 – 5 = ……………………

12 – 12 = ……………………

2 A

15 volle Gläser.

15 – ⠀ = ……………………

B Was ist passiert?

15 – 8 = ……………………

15 – 12 = ……………………

15 – 10 = ……………………

15 – 15 = ……………………

3 A 10 Birnen. Anja isst 2 Birnen.

B 5 Bananen. Der Affe frisst 3 Bananen.

1–2 Minusaufgaben in Sachsituationen erkennen und zu Minusaufgaben Situationen erfinden.
3 Sachaufgaben lösen, bei Bedarf darstellen.
1–3 Aufgaben evtl. mit Plättchen legen und lösen.
▸ Arbeitsheft, Seite 36

Plus oder Minus

1 Plus
9 + 1 = 10

Minus
10 – 1 = 9

2 Plus … Minus …

3 Plus … Minus …

4

5 + 2 =	15 + 2 =	15 + 5 =
7 – 2 =	17 – 2 =	20 – 5 =

5

8 + 4 =	7 + 5 =	6 + 6 =
12 – 4 =	12 – 5 =	12 – 6 =

6

5 + 5 =	5 + 7 =	4 + 9 =
– 5 =	– =	– =

1–3 Zu den Bildern erzählen, jeweils eine passende Plus- und eine Minusaufgabe (Umkehraufgabe) rechnen.
4–6 Beziehung zwischen Plus- und Minusaufgaben erkennen.
► Arbeitsheft, Seite 37

Vor und zurück

1

2

10 + 4 =	8 − 4 =
14 − 5 =	4 + 2 =
+ 2 =	− 4 =
11 − 6 =	+ 3 =
5 + 3 =	5 − 5 =

3

10 + 1 =	12 − 1 =
− 6 =	+ 5 =
+ 5 =	− 2 =
− 2 =	+ 6 =
+ 4 =	

Kraft der Fünf

Übt immer wieder.

1 «Räuber und Goldschatz» spielen, Rechnungen im Heft notieren.

2–3 Aufgaben zu «Räuber und Goldschatz» nachrechnen, Spielzüge nachvollziehen und beschreiben.

ϟ Zur Grundlegung und zum Üben aufgeklappte Umschlagseite des Arbeitsheftes verwenden.

Umkehr- und Tauschaufgaben

1 Immer 4 Aufgaben

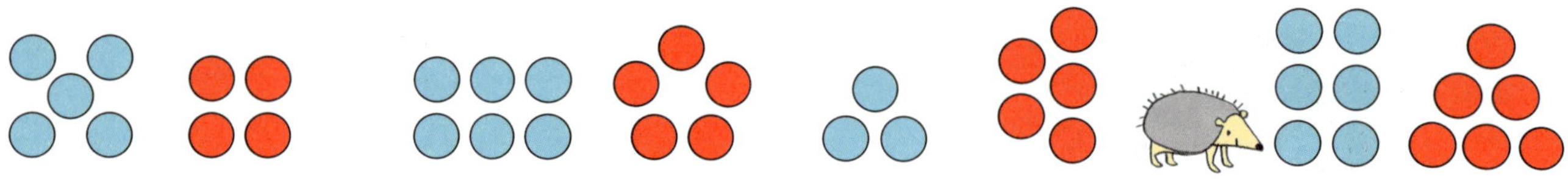

5 + 4 =	6 + 5 =	+ =	+ =
4 + 5 =	+ =	+ =	+ =
9 − 5 =	11 − =	− =	− =
9 − 4 =	− =	− =	− =

2 Finde 4 Aufgaben mit

3 4 7	1 4 5		
3 + 4 =	+ =	+ =	+ =
4 + 3 =	+ =	+ =	+ =
7 − 4 =	− =	− =	− =
7 − 3 =	− =	− =	− =

3

3 + 2 =

3 + 2 − 2 =

5 − 2 =

4 8 + 5 − 5   9 + 3 − 3   9 + 4 − 3

8 − 5 + 5   9 − 3 + 3   9 − 3 + 4

Finde selbst solche Aufgaben.

1–2 Beziehung zwischen Aufgaben und Umkehraufgaben besprechen.
3–4 Aufgaben lösen, «ohne zu rechnen».
► Arbeitsheft, Seite 38

Kleiner – gleich – grösser

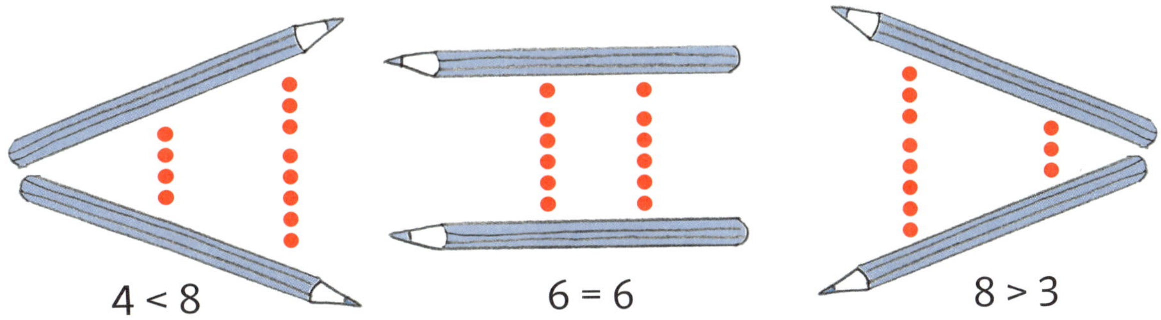

4 < 8	6 = 6	8 > 3
4 ist kleiner als 8	6 gleich 6	8 ist grösser als 3

1

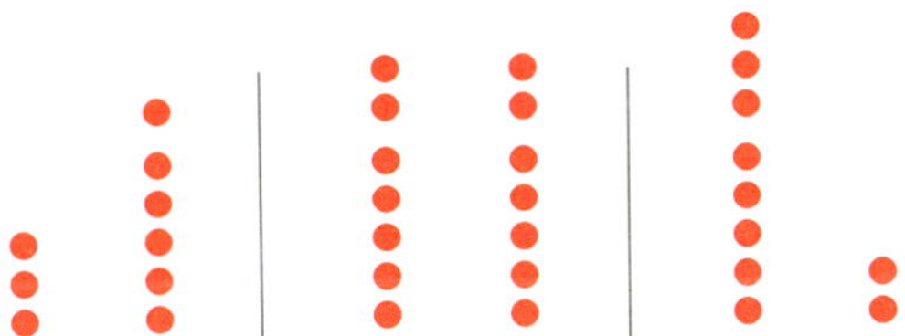

3 < 6 .... | .... | ....

2

.... | .... | ....

3

5 > 3		12	10	10	7
5	10	9	10	10	10
5	14	18	10	10	13

4

15	19	13	15	2	20
15	15	5	15	12	20
15	0	16	15	20	20

2 + 1 < 5   2 + 3 = 5   2 + 4 > 5

5

3 + 3 >	5	3 + 2	5
1 + 4	5	7 + 1	5
0 + 5	5	6 + 0	5

6

6 + 6	10	4 + 4	10
4 + 5	10	1 + 9	10
5 + 5	10	9 + 2	10

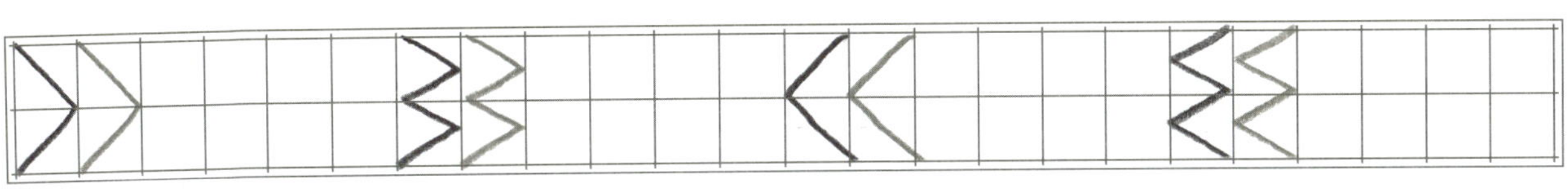

1–4 Zahlen vergleichen, < oder = oder > eintragen.
5–6 Term und Zahl vergleichen.
Muster fortsetzen.
► Arbeitsheft, Seite 39

Erzählen und rechnen

1

....

2

....

3

....

4

....

5

6

8 – 5 = ...

3 + 3 = ...

1–4 Rechengeschichten erzählen und passende Plus- oder Minusaufgaben aufschreiben.
5–6 Zur Aufgabe ein passendes Bild zeichnen. Resultat aufschreiben.

7

Lea:
6 + 4 = ...

Tim:
6 + 5 = ...

Ali:
6 + 4 + 1 = ...

Jana:
6 > 4 ....

8

....

9

....

10 Anna hat

Jan hat

....

11 Burim isst

Chiara isst

....

7–11 Zu Rechengeschichten verschiedene Fragen und Antworten finden. Passende Rechnungen aufschreiben.

▸ Arbeitsheft, Seite 42–43

Falten, schneiden, legen

1

2

3

4

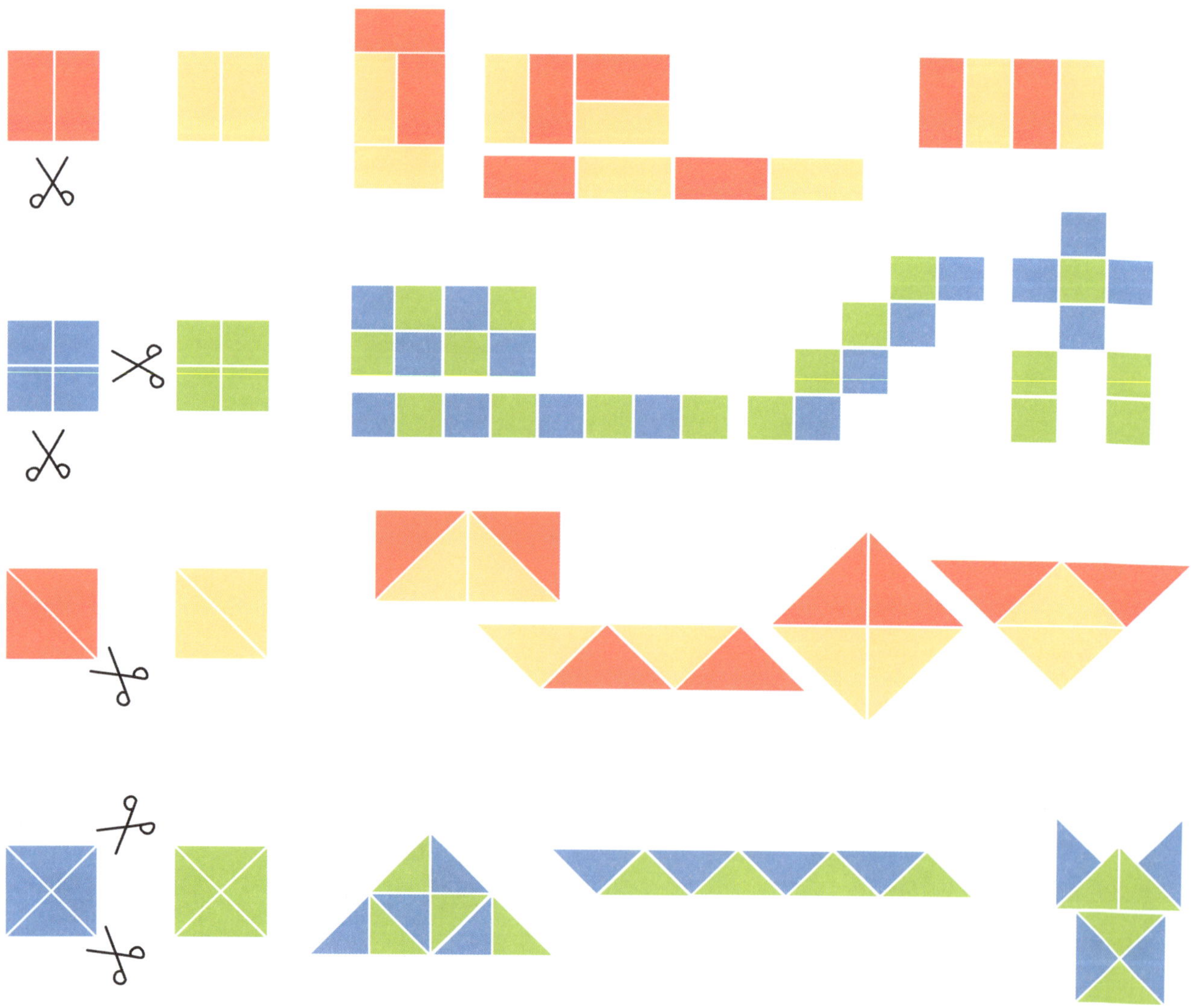

1–4 Papier falten, an der Faltlinie zerschneiden. Aus den Teilflächen neue Figuren bilden.

Würfeln und rechnen

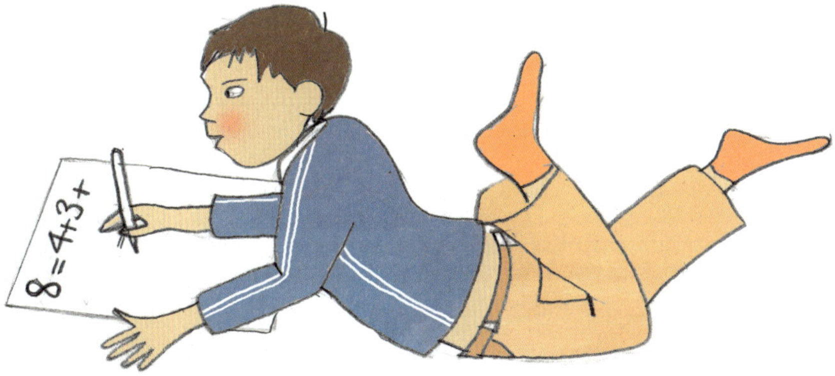

1

4 + 3 = 7

\+ =

\+ =

2

4 + 2 + 1 = 7

\+ + =

\+ + =

\+ + =

3

5 + = 6

\+ = 6

\+ = 6

4

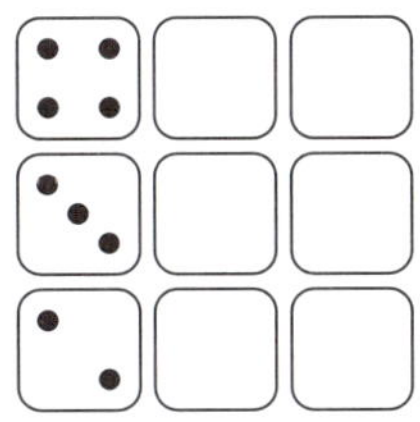

4 + + = 6

\+ + = 6

\+ + = 6

5

\+ = 8

\+ = 8

\+ = 8

\+ = 8

6

\+ + = 8

\+ + = 8

\+ + = 8

\+ + = 8

7 Immer 10 | Immer 9 | Immer 11

5 + 3 + 2 = 10

1–2 Vorgegebene Augenzahlen addieren.
3–6 Mit Hilfe von Würfeln mögliche Zerlegungen finden und eintragen.
7 Zu gegebenen Augensummen Zerlegungen finden und im Heft notieren.

Zahlenmauern berechnen

1

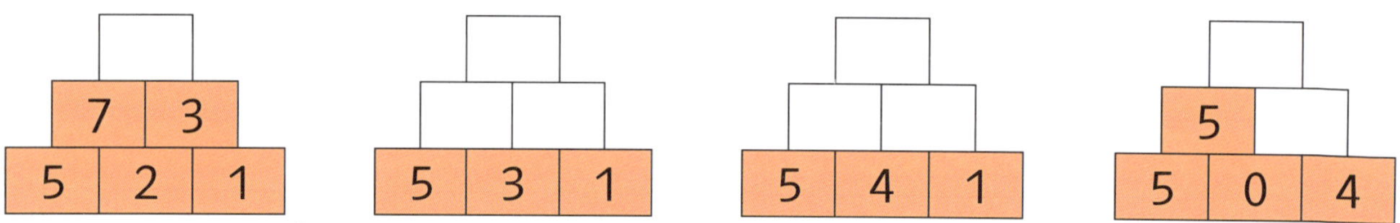

2

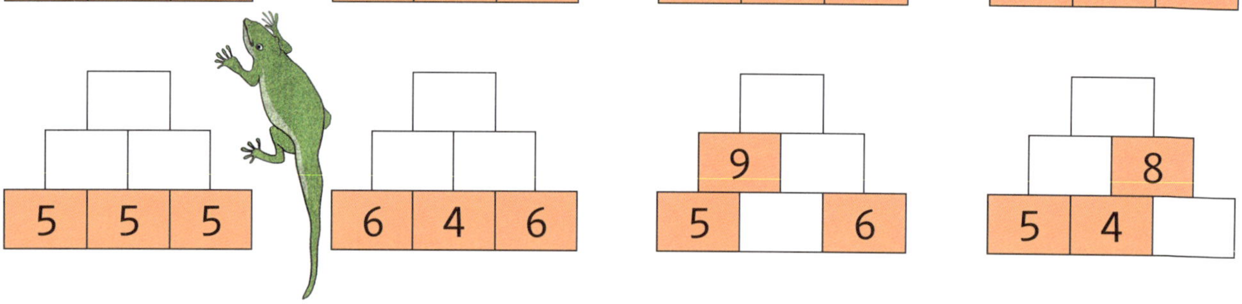

3

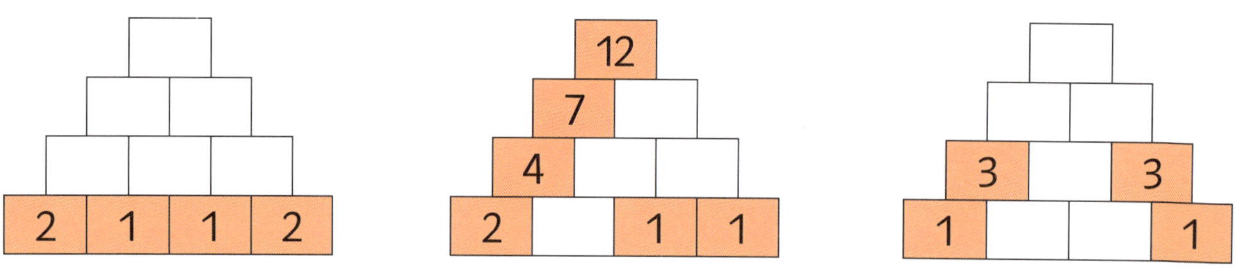

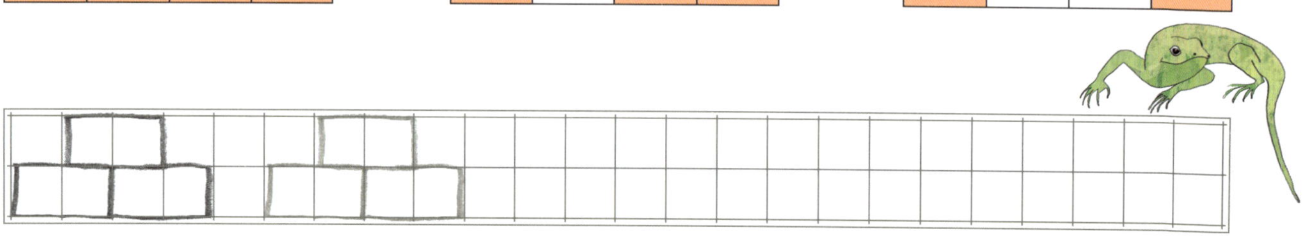

1–3 Den Aufbau der Mauer herausfinden, mit Bausteinen nachbauen, fehlende Zahlen ergänzen. Mauern zeichnen.

▸ Arbeitsheft, Seite 44

Zahlenmauern erkunden

1 Mauern mit 3 4 5

3 | 4 | 5 — 3 | 5 | 4 — 5 | 3 | 4

5 | 4 | 3 — 4 | 5 | 3 — 4 | 3 | 5

Was fällt dir auf?

2 Finde selbst Mauern mit 1 2 3 Vergleiche die Mauern.

3 Aus 1 7 10 3 2 5 legt Fatima

10
7 3
5 2 1

Wie geht es noch?

4 Lege Zahlenmauern

aus 18 12 10 6 4 2

aus 3 5 8 9 12 20

aus 8 3 5 7 2 15

aus 2 4 6 8 10 16

5 Tims Zahlenmauern:

31
17 14
9 8 6
4 5 3 3
1 3 2 1 2

8000
4000 4000
2000 2000 2000
1000 1000 1000 1000

Erfinde selbst Zahlenmauern.

1 Fehlende Zahlen ergänzen, Mauern besprechen. Je zwei haben den gleichen Deckstein.
2 Selbst Mauern aus den Grundsteinen 1, 2, 3 bilden und rechnen. ▸ Kopiervorlage
3–4 Aus sechs Wendekarten eine Zahlenmauer legen.
5 Tims Zahlenmauern als Anregung für Eigenproduktionen besprechen.
▸ Arbeitsheft, Seite 45–46

Legen und überlegen

Ein  und ein . Alle Kinder wollen spielen.
Lege für die Kinder Plättchen und schiebe.

1 Im  spielen 3 Kinder.

2 Am  spielen 6 Kinder.

3 Am 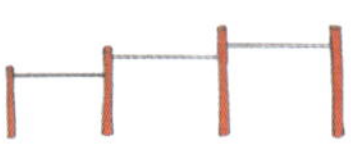 und im  spielen gleich viele Kinder.

4 Im  spielen 2 Kinder mehr als am .

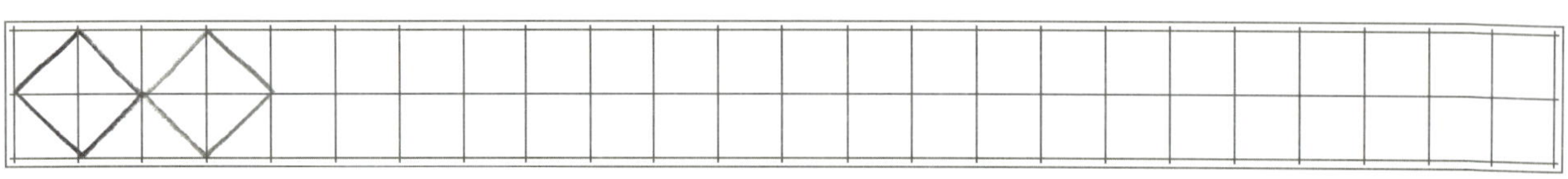

1–4 Für die Kinder werden stellvertretend Plättchen gelegt und den Aufgaben entsprechend geschoben.
Muster fortsetzen.

Überlegen und rechnen

1 Wie viele Beine haben 6 Gänse?

Silvia:

Tobias: 6 + 6 = 12

Anna: 2 + 2 + 2 + 2 + 2 + 2 = 12

2 Wie viele Beine haben 4 Hasen?

3 Wie viele Beine haben 2 Gänse und 2 Hasen zusammen?

4 Ron ist 6 Jahre alt, Sarah ist 3 Jahre alt.

Wie alt ist Sarah, wenn Ron 10 Jahre alt ist?

Andreas:

6 + 4 = 10

3 + 4 = 7

Sarah ist dann 7 Jahre alt.

Vanessa:

Ron	6	7	8	9	10
Sarah	3	4	5	6	7

5 Karin ist 6 Jahre alt.

Sie bekommt einen Bruder. Er heisst Kevin.

Wie alt ist Karin, wenn Kevin 6 Jahre alt ist?

1–5 Sachaufgaben zunächst ohne Buch lösen. Anschliessend Lösungen im Buch nachvollziehen, besprechen und vergleichen.

Rechendreiecke

1

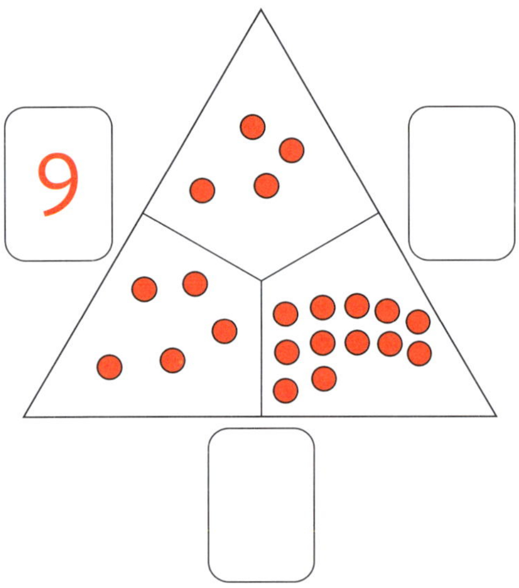

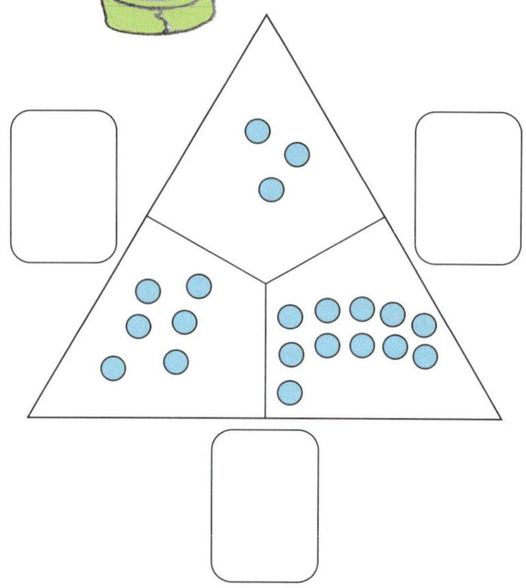

2

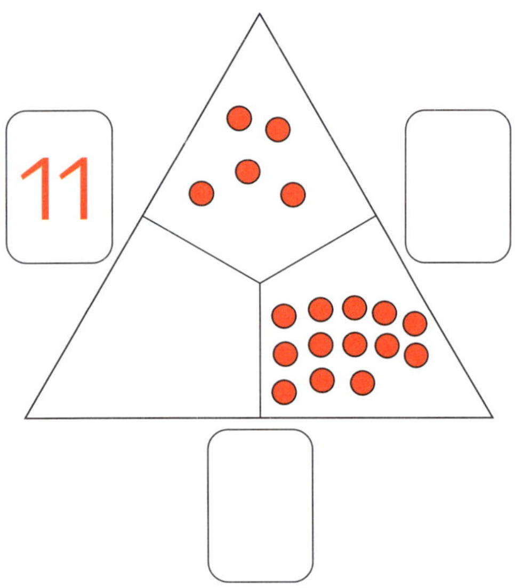

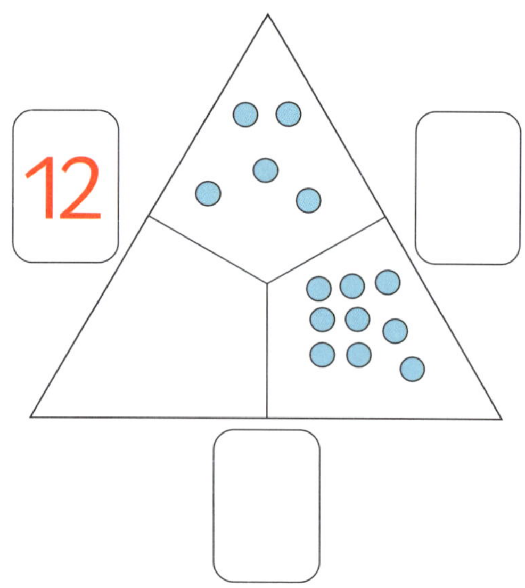

1 Anzahl Plättchen in benachbarten Feldern addieren. ▸ Kopiervorlage
2 Rechendreiecke vervollständigen.

3

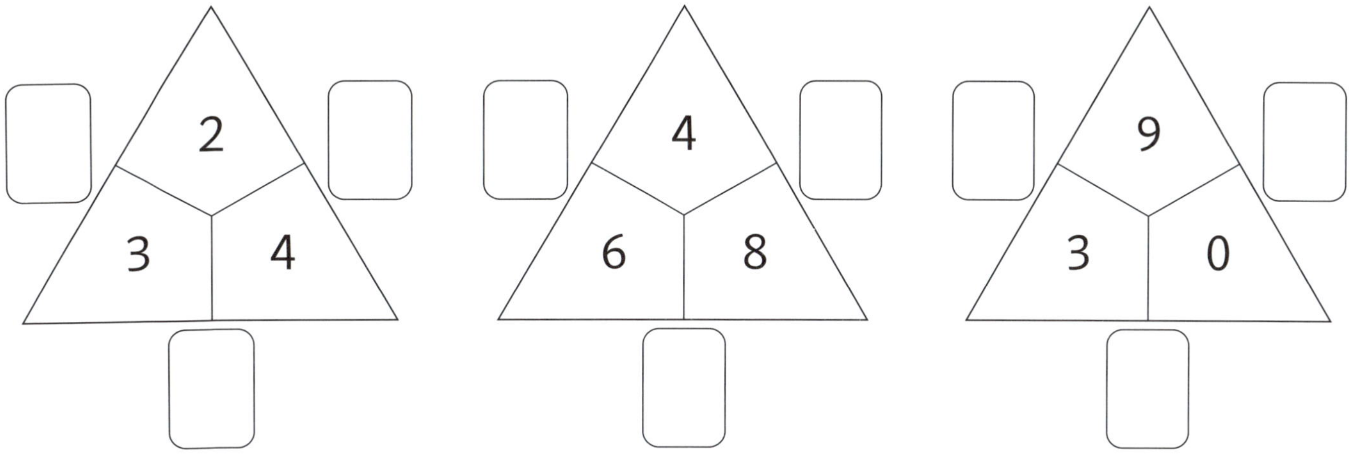

4

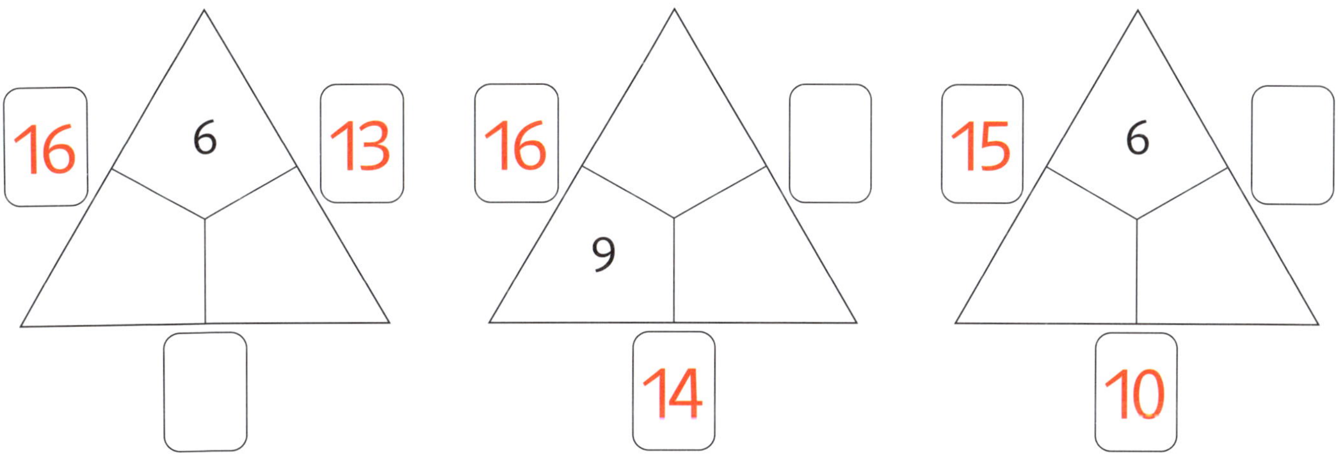

5 Lege und probiere.

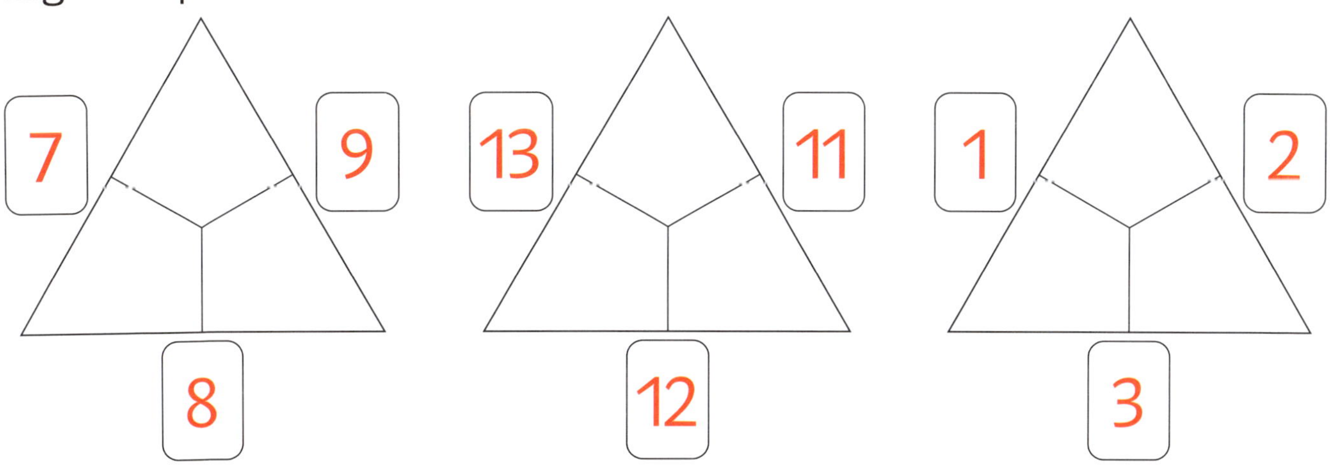

3–4 Rechendreiecke vervollständigen.
5 Im Rechendreieck mit Plättchen legen und probieren. ► Kopiervorlage
Für weitere Aufgaben Kopiervorlage verwenden. ► Kopiervorlage
Muster fortsetzen.
► Arbeitsheft, Seite 47

Kugeln formen

Kugeln aus knetbarer Masse selber formen und im Klassenverband Pyramiden bauen.
Kugeln in der Umwelt erkennen und besprechen.
Muster fortsetzen.

Wiederholende Übungen

1

10 − 5 =	8 − 1 =
8 − 4 =	9 − 4 =
6 − 3 =	10 − 3 =
4 − 2 =	8 − 3 =
2 − 1 =	7 − 0 =

2

19 − 4 =	20 − 5 =
17 − 2 =	17 − 1 =
14 − 4 =	8 − 1 =
15 − 0 =	12 − 4 =
16 − 1 =	14 − 5 =

3

4	5	
		16

	19	
	9	

	1	
		12

	10	
19		

4

11 + 7 =	4 − 4 =
9 + 7 =	14 − 4 =
7 + 7 =	8 − 8 =
5 + 7 =	18 − 8 =
3 + 7 =	19 − 9 =

5

17 − 2 =	7 + 6 =
15 − 3 =	10 + 1 =
13 − 4 =	12 + 8 =
11 − 5 =	9 + 2 =
9 − 6 =	8 + 5 =

6

3 − = 2	10 + = 20
5 − = 2	9 + = 18
7 − = 2	8 + = 16
9 − = 2	7 + = 14
11 − = 2	5 + = 10

7

8 + 3 =	11 − 3 =
3 + 8 =	11 − 8 =
5 + 6 =	11 − 6 =
6 + 5 =	11 − 5 =
6 + 4 =	10 − 4 =

8

1	3	5								
20	18	16								

1–2 Aufgaben lösen. **3** Die Nachbarzahlen eintragen.
4–7 Aufgaben lösen. **8** Reihen fortsetzen.
► Arbeitsheft, Seite 48

Knotenschule

1 Freihandknoten

Mit dem Freihandknoten kannst du zwei Schnüre zusammenbinden.

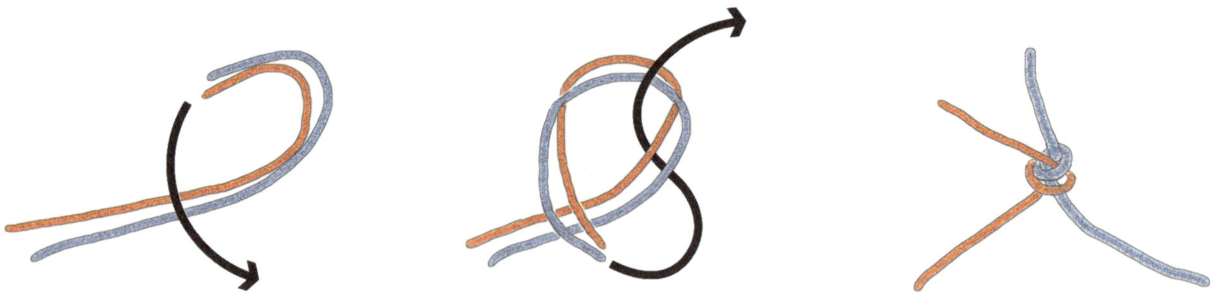

2 Schlaufenknoten

Mit dem Schlaufenknoten kannst du eine Schnur an einem Haken befestigen.

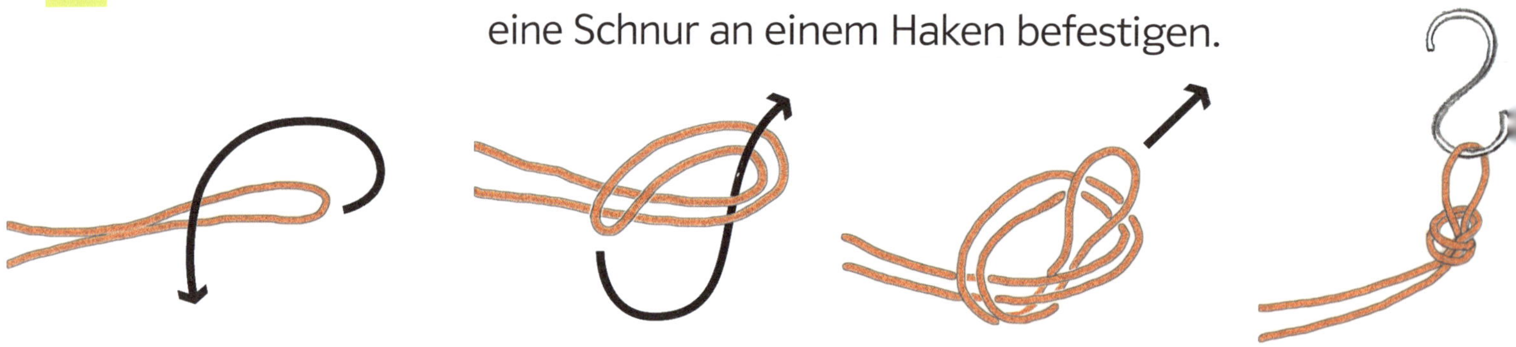

3 Schuhschleife

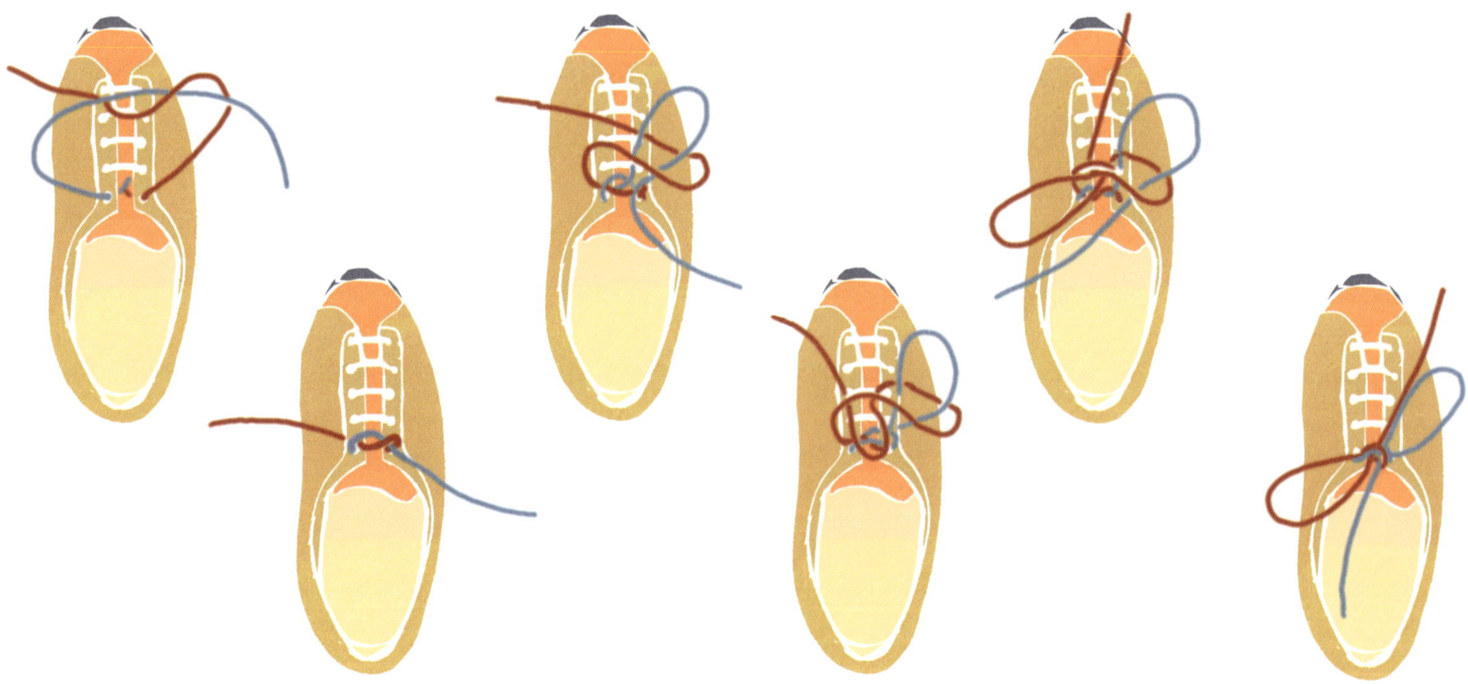

1–3 Knoten und Schuhschleife üben.

hlkreis

1

2 Wie heisse ich?

Ich habe lange blonde Haare. ....

Ich bin ein Junge und trage eine Brille. ....

Ich sitze zwischen Olga und Anna. ....

Ich sitze vor Lukas und habe braune Haare. ....

Ich sitze gegenüber von Noah und lache. ....

Mein Vorname fängt mit N an. ....

Ich sitze hinter Julia. ....

Ich sitze links von Noah. ....

Ich sitze rechts neben dem Kind,
das gegenüber von Tina sitzt. ....

1 Mit Hilfe der Umrisszeichnung (Plan) herausfinden, wie die Kinder auf dem Bild heissen.
2 Nach den Beschreibungen die Kinder herausfinden.

Eckenhausen

Erzähle und zeige. Wie kann man gehen?

1 Vergleiche.

A 

zur 

?

zur 

?

B 

zum  ?

zum  ?

1 Kinder zeigen mit dem Finger die Wege und beschreiben sie.

2 Das Taxi fährt in Eckenhausen keine Umwege.

Vom 

-Stand zu 

: ....5.... Wegstücke

Von 

zur 

: .... Wegstücke

Von der 

zum 
: .... Wegstücke

3 Welcher Weg ist länger?

Von der 

zur 

oder von der 

zum 

?

4 Das Taxi fährt immer 4 Wegstücke.
Wo kann es hinkommen? Zeichne die Ziele rot ein.

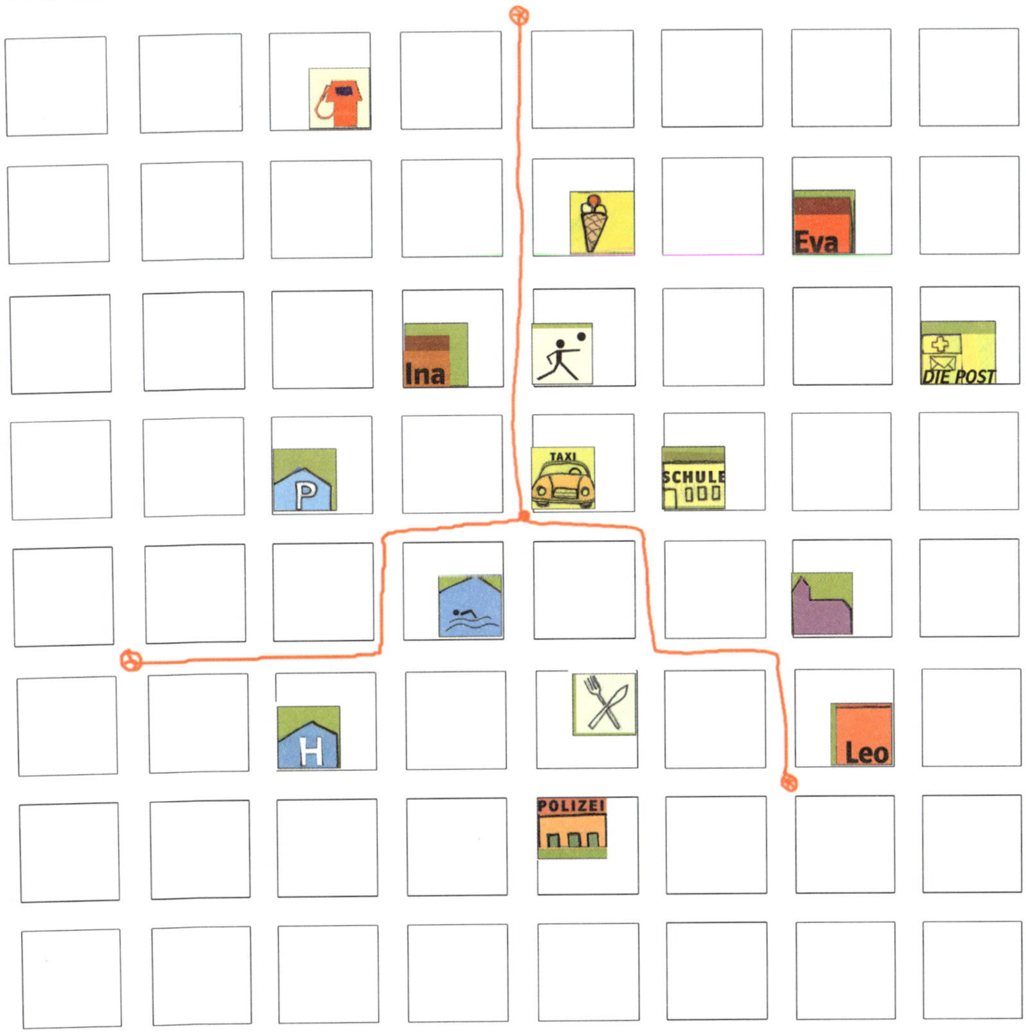

Was fällt dir auf?

2–3 Ein Plättchen dient als Taxi auf dem Plan von Seite 74 und wird entsprechend geschoben.
4 Die Taxiwege mit Bleistift nachfahren, die Endpunkte mit einer Farbe markieren. ▸ Kopiervorlage

Einspluseins-Tafel

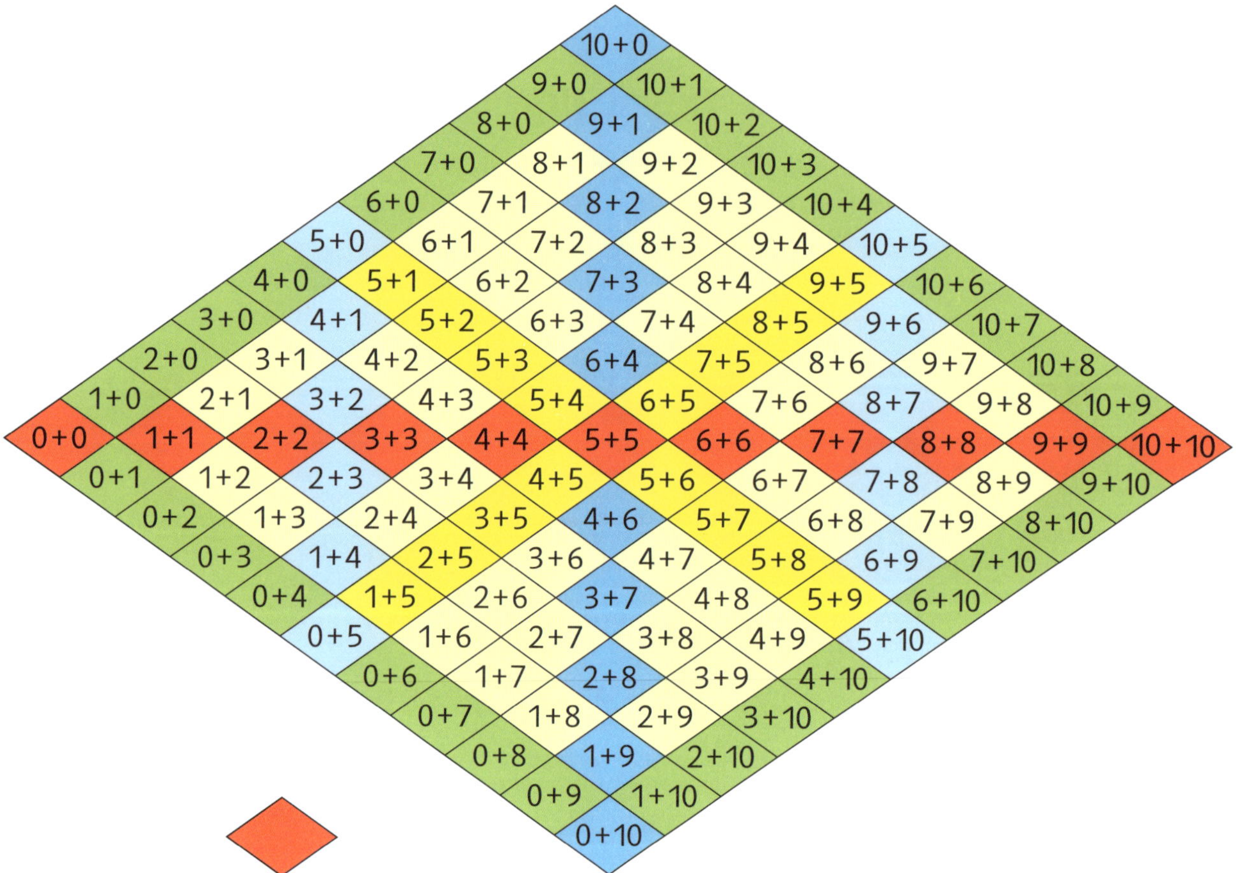

1

0 + 0 =

1 + 1 =

2 + 2 =

3 + 3 =

4 + 4 =

5 + 5 =

6 + 6 =

7 + 7 =

8 + 8 =

9 + 9 =

10 + 10 =

2

10 + 0 =

9 + 1 =

8 + 2 =

7 + 3 =

6 + 4 =

4 + 6 =

3 + 7 =

2 + 8 =

1 + 9 =

0 + 10 =

3 Rechne.

1+0=

0+0= 1+1=

0+1=

10+9=

9+9= 10+10=

9+10=

Erste Orientierung auf der Einspluseins-Tafel: Aufgaben lösen und auf der Tafel zeigen.

1 Verdopplungsaufgaben

2 Zehneraufgaben

3 Nachbaraufgaben

4 Rechne alle ◇ (gelb)

5 Rechne alle ◇ (grün)

6 Rechne.

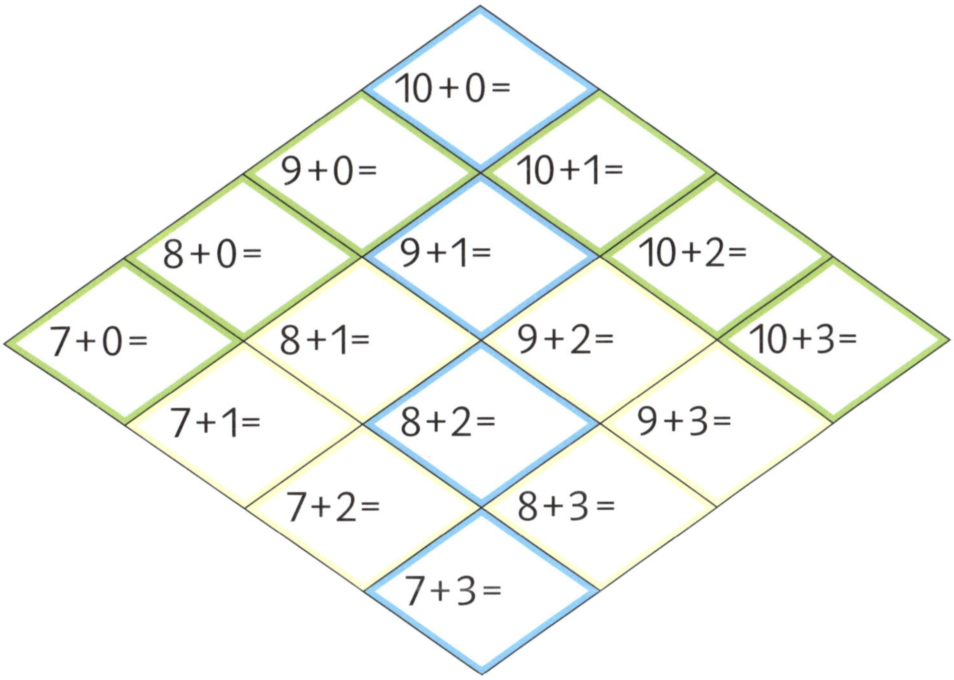

7

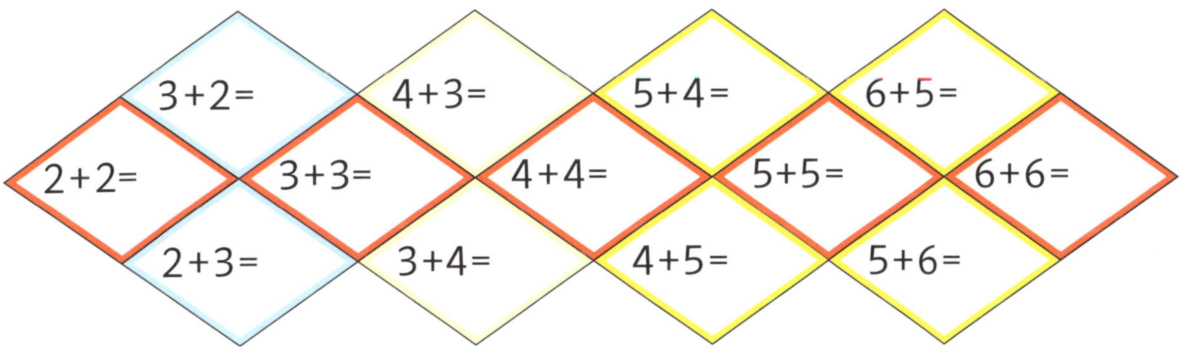

8

6 + 5	5 + 6
7 + 6	6 + 7
8 + 7	7 + 8

9

4 + 1	1 + 4
5 + 2	2 + 5
6 + 3	3 + 6

10

9 + 2	2 + 9
9 + 3	3 + 9
9 + 4	4 + 9

11 Rechne alle ◇ (blau)

4 Aufgaben mit 5 **5** Aufgaben mit 0 und 10 (Randaufgaben)

6–7 Ausschnitte auf der Einspluseins-Tafel suchen, Aufgaben lösen. ▸ Kopiervorlage

8–10 Tauschaufgaben auf der Einspluseins-Tafel suchen, im Heft lösen.

11 Aufgaben mündlich rechnen.

▸ Arbeitsheft, Seite 49

Schöne Päckchen

1 Rechne.

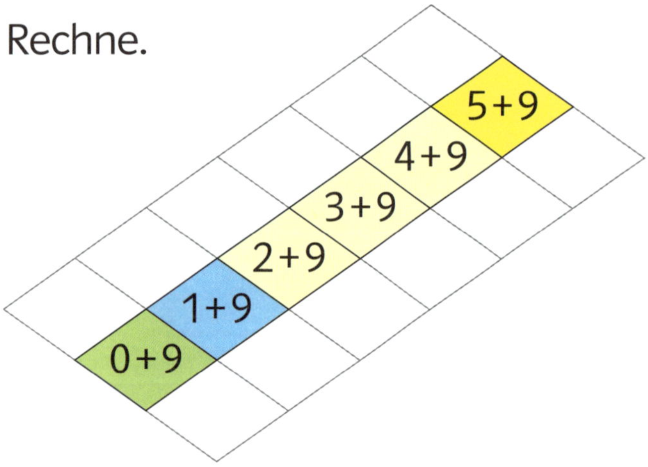

Von 5 + 9 = ... gehe zu

4 + 9 = ...

3 + 9 = ...

2 + 9 = ...

1 + 9 = ...

0 + 9 = ...

2 Von 6 + 6 = ... gehe zu

6 + 7 = ...

6 + 8 = ...

6 + 9 = ...

6 + 10 = ...

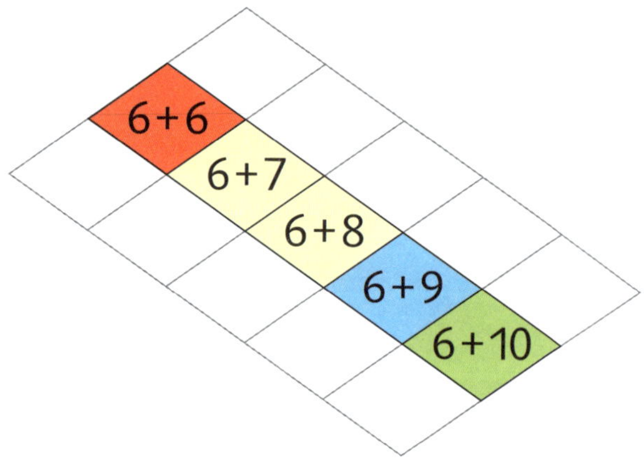

3

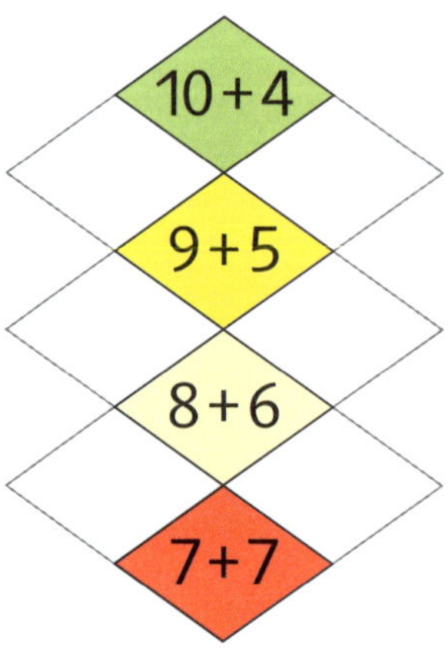

Von 10 + 4 = ... gehe zu

9 + 5 = ...

8 + 6 = ...

7 + 7 = ...

4 Schreibe Aufgaben, die immer 8 geben.

5 Schreibe Aufgaben, die immer 13 geben.

1–3 Aufgaben auf der Einspluseins-Tafel zeigen und lösen.

4–5 Aufgaben auf der Einspluseins-Tafel nachschauen, ins Heft schreiben und lösen.

▸ Arbeitsheft, Seite 50–51

< oder > oder = ?

1 Vergleiche.

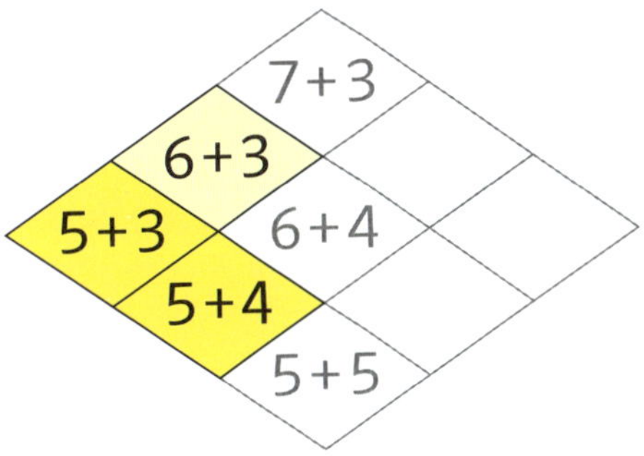

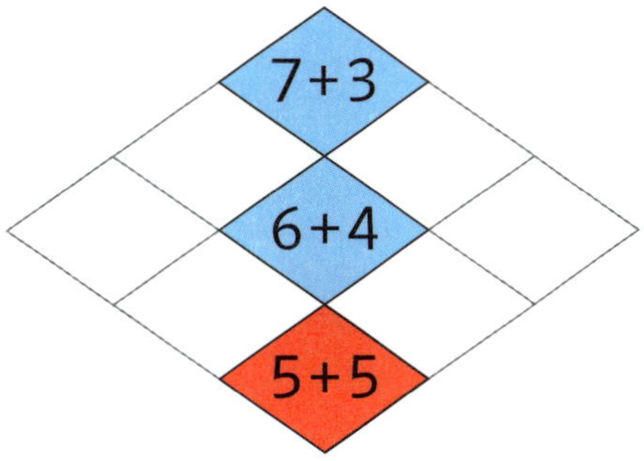

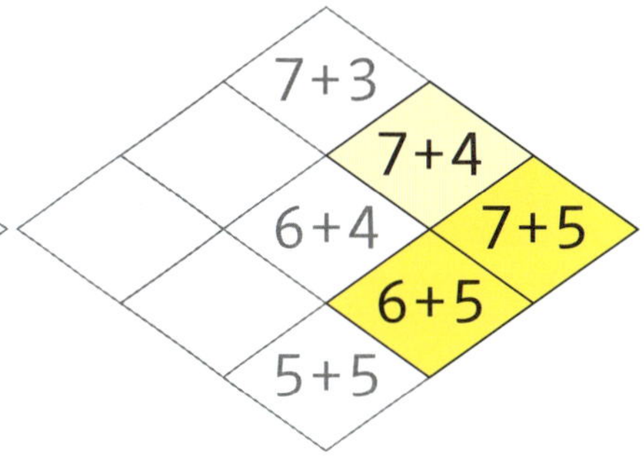

6 + 3	<	10	7 + 3	=	10	7 + 4	>	10
5 + 3		10	6 + 4		10	7 + 5		10
5 + 4		10	5 + 5		10	6 + 5		10

2

3 + 1	5	3 + 3	10
3 + 2	5	4 + 4	10
2 + 3	5	5 + 5	10
3 + 3	5	6 + 6	10
2 + 2	5	7 + 7	10

3

8 + 6	10	8 + 1	15
7 + 5	10	8 + 3	15
6 + 4	10	8 + 5	15
5 + 3	10	8 + 7	15
4 + 2	10	8 + 9	15

4

7 + 7	14	6 + 5	12
7 + 6	14	6 + 6	12
6 + 8	14	5 + 7	12

5

8 + 9	16	9 + 9	18
7 + 8	16	8 + 10	18
8 + 8	16	10 + 9	18

6 Mark hat … Franken. Eva hat … Franken. Wer hat mehr?

1–5 Zeichen einsetzen, evtl. Einspluseins-Tafel benutzen.
6 Beträge vergleichen.

Ergänzen

1

9 + ... = 12

11 + ... = 15

13 + ... = 16

2

7 + ... = 10	7 + ... = 12
6 + ... = 10	6 + ... = 12
5 + ... = 10	5 + ... = 12
3 + ... = 10	3 + ... = 12
2 + ... = 10	2 + ... = 12

3

8 + ... = 16	15 + ... = 20
8 + ... = 15	10 + ... = 20
8 + ... = 13	20 + ... = 20
8 + ... = 11	0 + ... = 20
8 + ... = 10	5 + ... = 20

4

8 + ... = 14	4 + ... = 10
9 + ... = 15	4 + ... = 11
10 + ... = 16	5 + ... = 11
11 + ... = 18	5 + ... = 12
13 + ... = 20	6 + ... = 12

5

18 + ... = 20	9 + ... = 16
8 + ... = 20	10 + ... = 16
14 + ... = 20	11 + ... = 16
4 + ... = 20	12 + ... = 17
16 + ... = 20	13 + ... = 17

6 Wie viele fehlen?

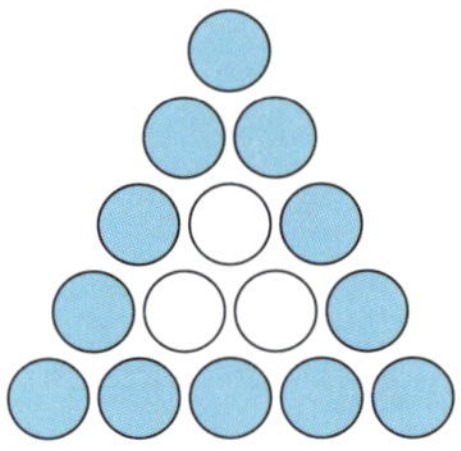

12 + ... = 15

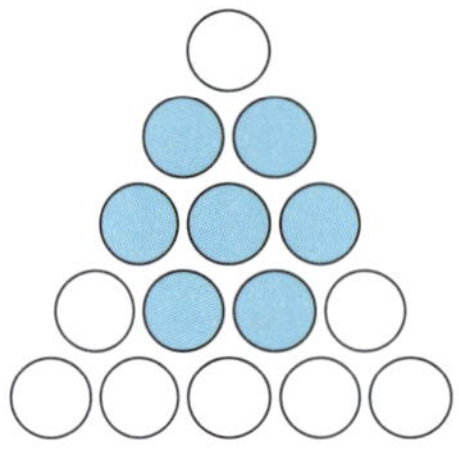

7 + ... = 15

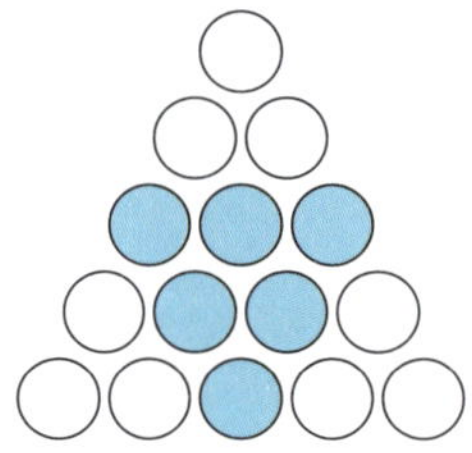

6 + ... = 15

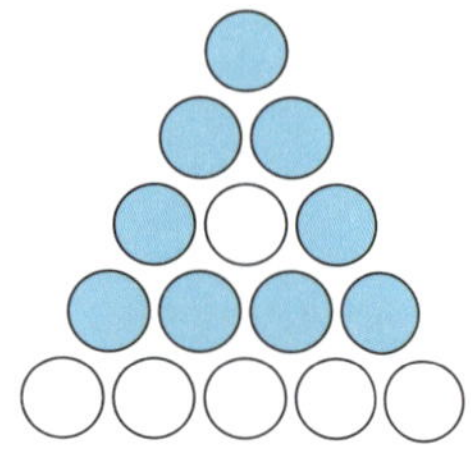

9 + ... = 15

1 Ergänzungsaufgaben interpretieren und lösen.
2–5 Aufgaben durch Ergänzen lösen.
6 Mit Plättchen nachlegen, Ergänzungsaufgaben lösen.
▸ Arbeitsheft, Seite 52

Minusaufgaben durch Ergänzen lösen

1

16 – 13 = ...

Achim rechnet
den Unterschied.
Er ergänzt.

Sheila nimmt weg.

Vergleiche die Rechenwege.

2

17 + ☐ = 20	13 + ☐ = 17	9 + ☐ = 12
20 – 17 =	17 – 13 =	12 – 9 =

3

14 + ☐ = 20	11 + ☐ = 16	7 + ☐ = 12
20 – 14 =	16 – 11 =	12 – 7 =

4 Löse durch Ergänzen.

14 – 11	12 – 8	15 – 10	20 – 17	16 – 11	11 – 7
18 – 15	13 – 9	17 – 12	19 – 15	16 – 9	14 – 8

5

Kinder-Flohmarkt

1 Peter hat .... Fr. Peter kauft Peter hat noch .... Fr.

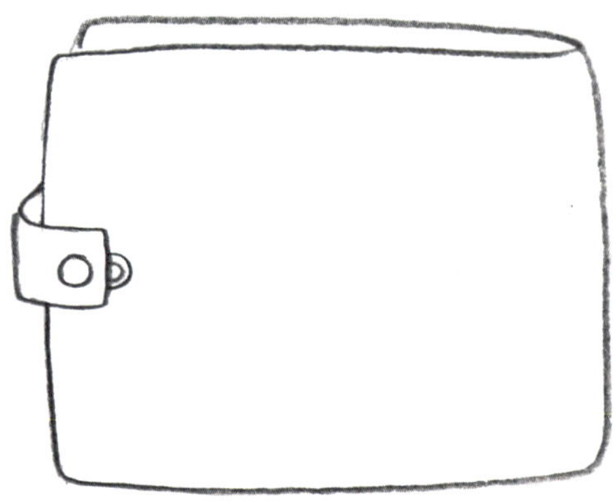

2 Lisa hat .... Fr. Lisa kauft Lisa hat noch .... Fr.

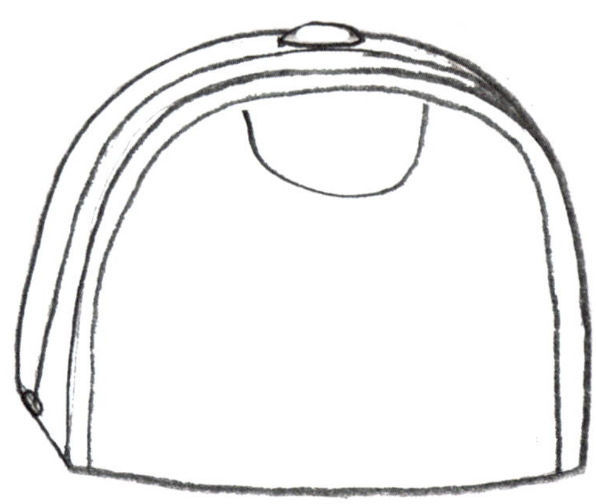

1–2 Aufgaben mit Rechengeld legen, den Restbetrag einzeichnen, Beträge eintragen.

3 Ich kaufe | Ich gebe

Zurück: .... Franken

4 Ich kaufe | Ich gebe

Zurück: .... Franken

5 Ich kaufe | Ich gebe

Zurück: .... Franken

6 Ich kaufe | Ich gebe

Zurück: .... Franken

7 Ich kaufe | Ich gebe

Zurück: .... Franken

8 Ich kaufe | Ich gebe

Zurück: .... Franken

9 Martina hat 5 Franken. Sie bekommt noch 3 Franken.

10 Mario hat 7 Franken. Er verliert 2 Franken.

11

6 Fr. + ... Fr. = 12 Fr.

8 Fr. + ... Fr. = 14 Fr.

10 Fr. + ... Fr. = 16 Fr.

12 Fr. + ... Fr. = 18 Fr.

14 Fr. + ... Fr. = 20 Fr.

12

18 Fr. − ...... Fr. = 8 Fr.

16 Fr. − ...... Fr. = 8 Fr.

14 Fr. − ...... Fr. = 8 Fr.

12 Fr. − ...... Fr. = 8 Fr.

10 Fr. − ...... Fr. = 8 Fr.

3–12 Alle Aufgaben mit Rechengeld legen. In Aufgabe 8 reicht das Geld nicht.

▸ Arbeitsheft, Seite 53

Ausflug an den See

1

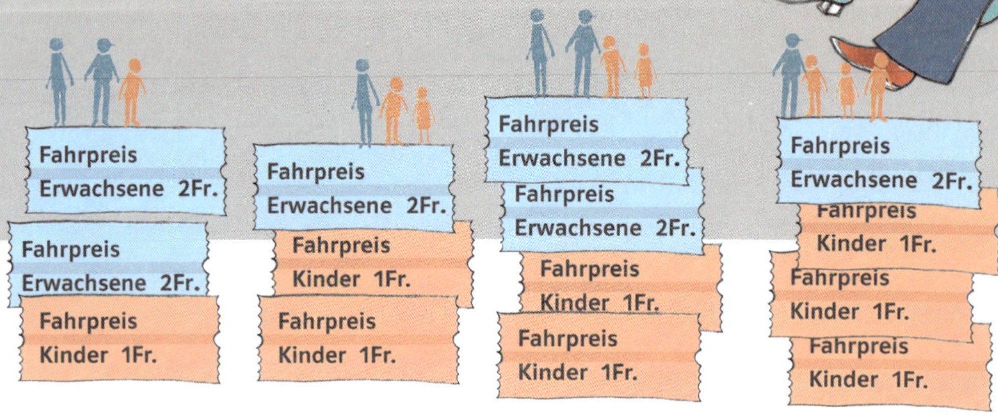

Zu zahlen .... Fr. .... Fr. .... Fr. .... Fr.

2

Kinder	1	2	3	4	5	6
Zu zahlen	1 Fr.	2 Fr.	3 Fr.	Fr.	Fr.	Fr.

Erwachsene	1	2	3	4	5	6
Zu zahlen	2 Fr.	4 Fr.	Fr.	Fr.	Fr.	Fr.

3 Familie Müller bezahlt für:

3 Kinder .... Fr.

2 Erwachsene .... Fr.

zusammen .... Fr.

4 Familie Kaiser bezahlt für:

2 Kinder .... Fr.

3 Erwachsene .... Fr.

zusammen .... Fr.

1 Situationen besprechen, Fahrpreise eintragen.
2 Tabellen ausfüllen.
3–4 Ergebnisse von Aufgabe 2 zur Lösung nutzen.

5 Frau Suter bezahlt für sich und drei Kinder:

Rundfahrt ………… Fr.
3 Glaces ………… Fr.
zusammen ………… Fr.

6 Familie Frei bezahlt:

2 Mineral ………… Fr.
2 Glaces ………… Fr.
zusammen ………… Fr.

7 Doris und Ali bezahlen:

Rundfahrt ………… Fr.
1 Cola ………… Fr.
2 Glaces ………… Fr.
zusammen ………… Fr.

8 Herr Rossi bezahlt:

3 Mineral ………… Fr.
3 Glaces ………… Fr.
3 Frites ………… Fr.
zusammen ………… Fr.

5–8 Mit Hilfe des Bildes die Aufgaben lösen.
▸ Arbeitsheft, Seite 54

Tageszeiten

5	6	7	8	9	10	11	12

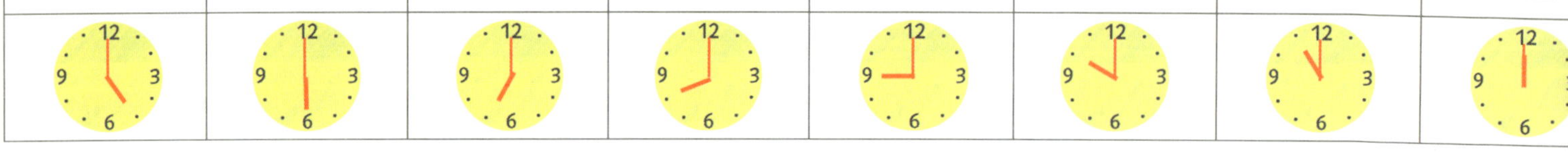

Wie sieht dein Tag aus?

Nachts
schlafe ich.

Um .... Uhr
stehe ich auf.

Die Landschaft mit Blumen, Tieren und dem jeweiligen Sonnenstand beschreiben.
Den Tagesablauf in Bezug setzen und erzählen.
Mögliche Zeigerstellung einzeichnen.

13	14	15	16	17	18	19	20

1	2	3	4	5	6	7	8

Um .... Uhr
gehe ich ins Bett.

Die Landschaft mit Blumen, Tieren und dem jeweiligen Sonnenstand beschreiben.
Den Tagesablauf in Bezug setzen und erzählen.

Mögliche Zeigerstellung einzeichnen.

▸ Arbeitsheft, Seite 55

Halbieren

1 8 = 4 + ……

10 = …… + ……

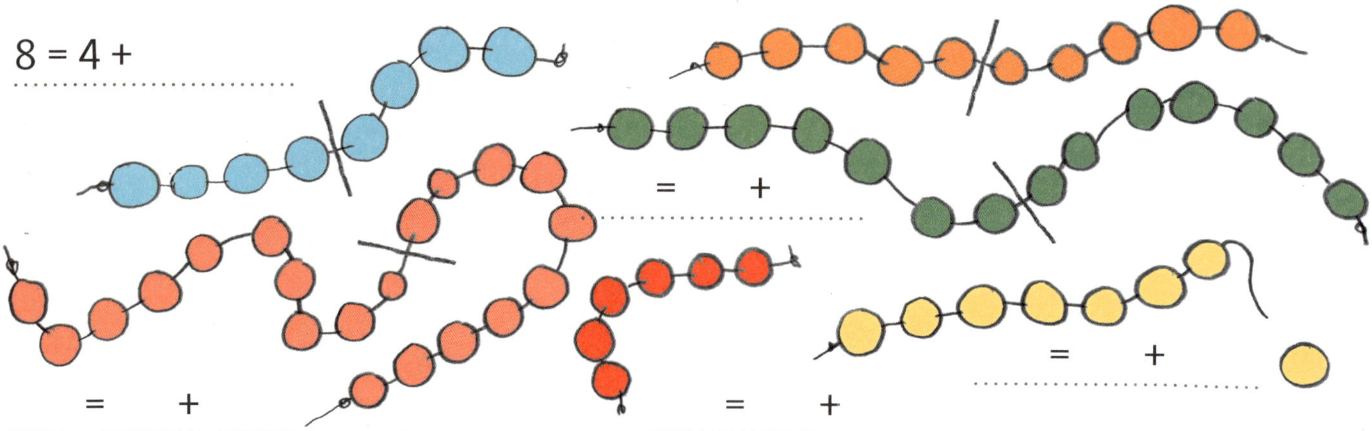

…… = …… + ……

…… = …… + ……

…… = …… + ……

…… = …… + ……

2 Lege, rechne und vergleiche.

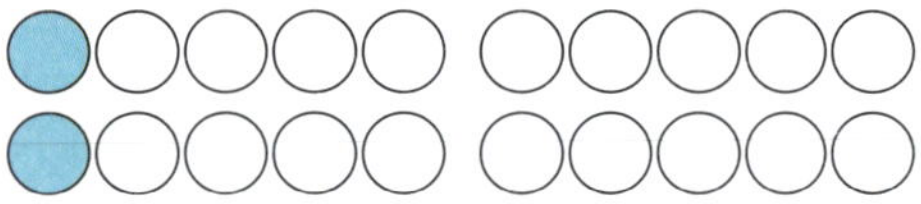

2 = …… + ……

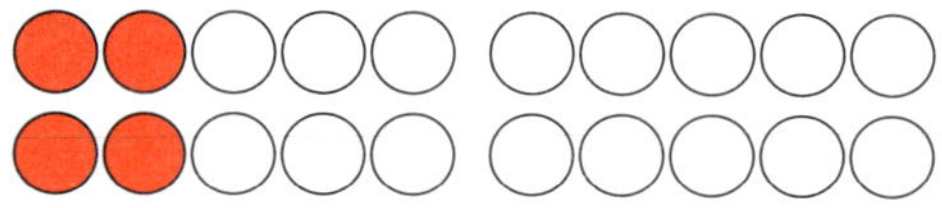

4 = …… + ……

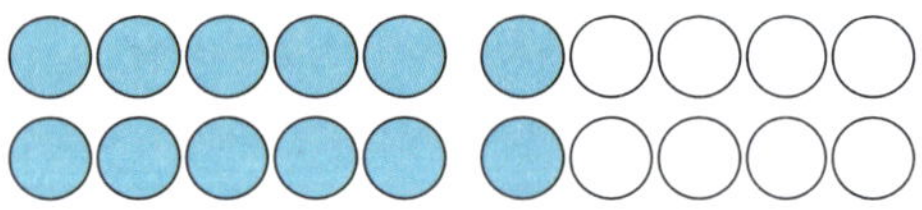

12 = …… + ……

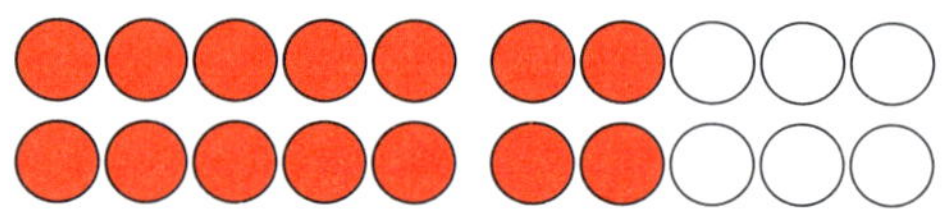

14 = …… + ……

3

6 = …… + ……	8 = …… + ……	10 = …… + ……	
16 = …… + ……	18 = …… + ……	20 = …… + ……	0 = …… + ……

ϟ Halbieren
Übt immer wieder.

1 Halbieren an der Perlenkette (Zahlenreihe)
2–3 Verdoppeln und Halbieren am Zwanzigerfeld
ϟ Zur Grundlegung und zum Üben aufgeklappte Umschlagseite des Arbeitsheftes verwenden.

Gerade und ungerade Zahlen

1 Zeichne die Muster der Zahlen. Schneide sie aus.

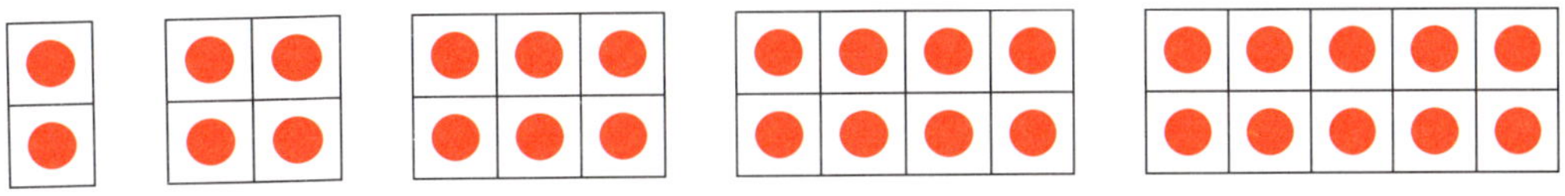

2 4 …… …… …… gerade Zahlen

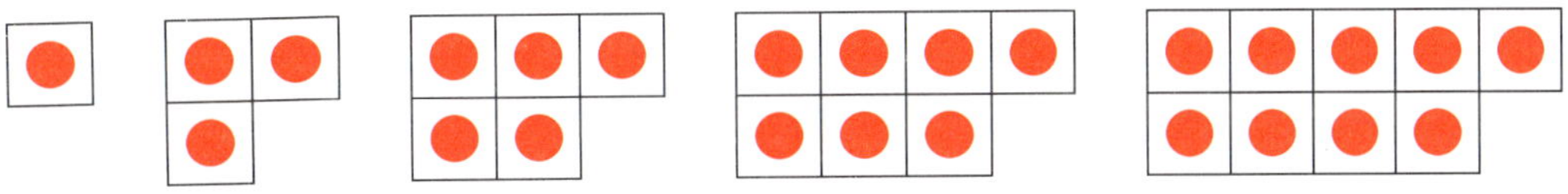

1 3 …… …… …… ungerade Zahlen

2

6 + 2 = 8

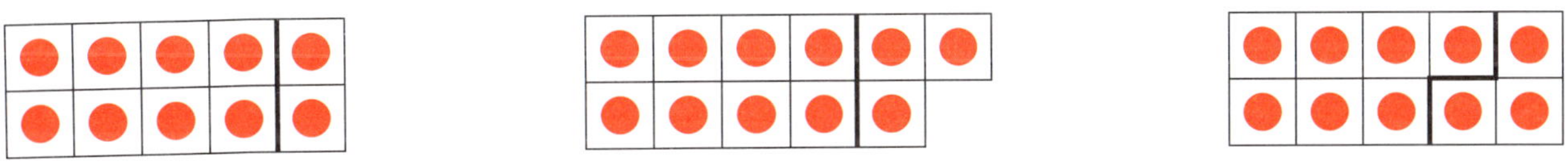

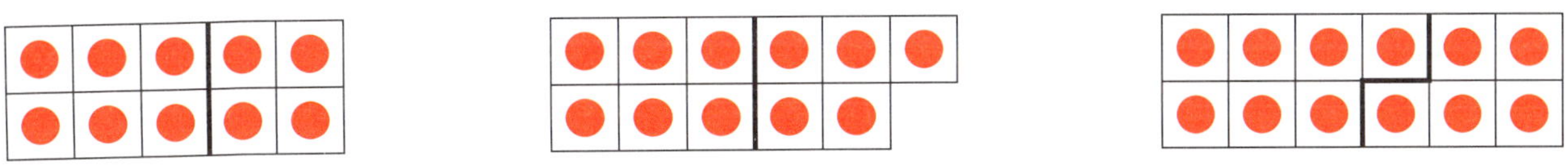

3 Finde Plusaufgaben mit geradem Ergebnis.

4

4 + 6 =	5 + 1 =	2 + 1 =	1 + 8 =
6 + 8 =	7 + 3 =	4 + 3 =	3 + 6 =
8 + 4 =	9 + 5 =	6 + 5 =	5 + 4 =
10 + 2 =	5 + 7 =	8 + 7 =	7 + 2 =
12 + 8 =	9 + 9 =	10 + 9 =	9 + 0 =

Was fällt dir auf? Kannst du es erklären?

1 Muster zu geraden und ungeraden Zahlen erkennen.
2–3 Mit Mustern Aufgaben legen und rechnen.
4 Gerade und ungerade Ergebnisse besprechen.
► Arbeitsheft, Seite 56

Zählen in Schritten

1

2

3

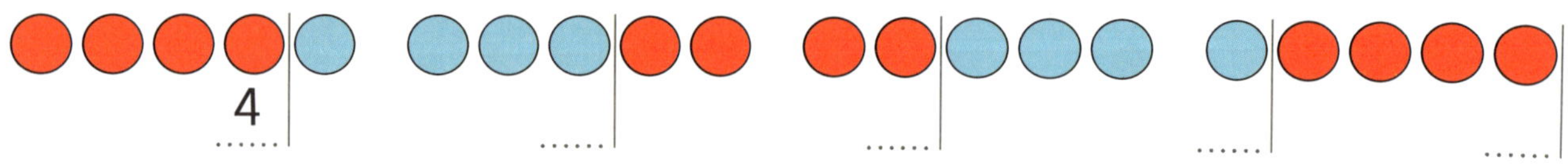

4

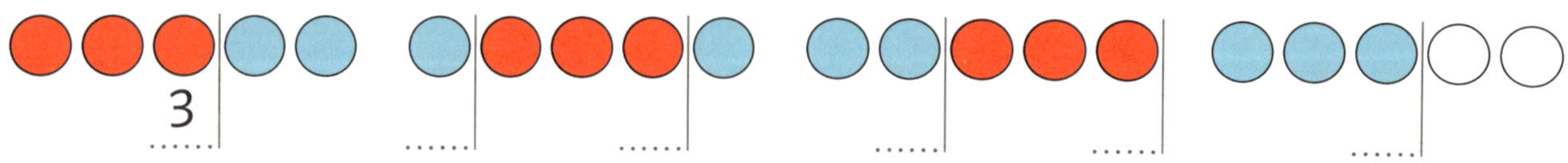

5 Zähle vorwärts.
Zweierschritte: 2, 4, …
Fünferschritte: 5, 10, …
Viererschritte: 4, 8, …
Dreierschritte: 3, 6, …

6 Zähle rückwärts.
Zweierschritte: 20, 18, …
Fünferschritte: 20, 15, …
Viererschritte: 20, 16, …
Dreierschritte: 21, 18, …

7 Welche Schritte führen zu 12?

8 Welche Schritte führen zu 20?

Zählen in Schritten
Übt immer wieder.

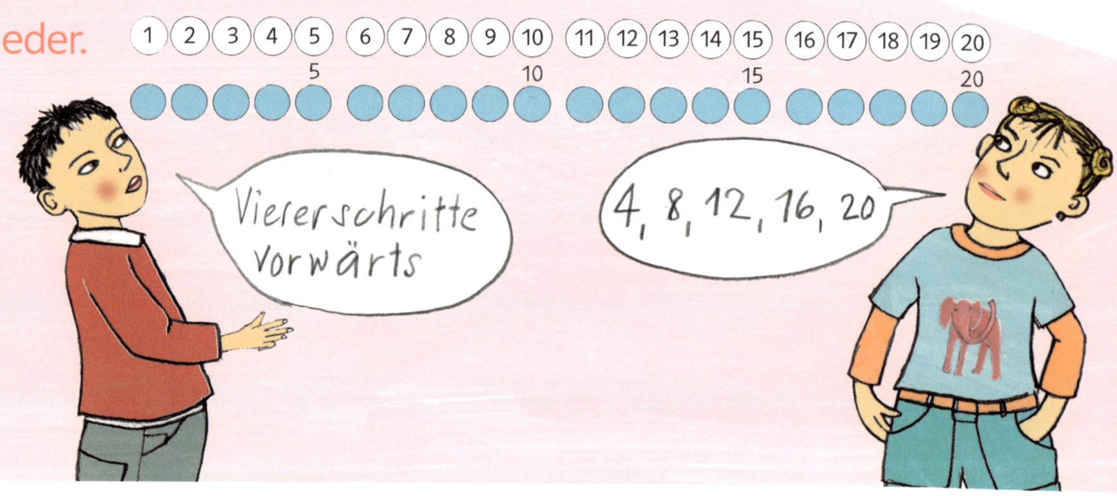

1–4 In Schritten an der Zwanzigerreihe zählen.
5–8 Aufgaben mündlich rechnen.
ϟ Zur Grundlegung und zum Üben aufgeklappte Umschlagseite des Arbeitsheftes verwenden.

Immer gleiche Schritte

1 Immer +3

Immer +4

Immer +3

Immer +2

Immer +5

Immer +5

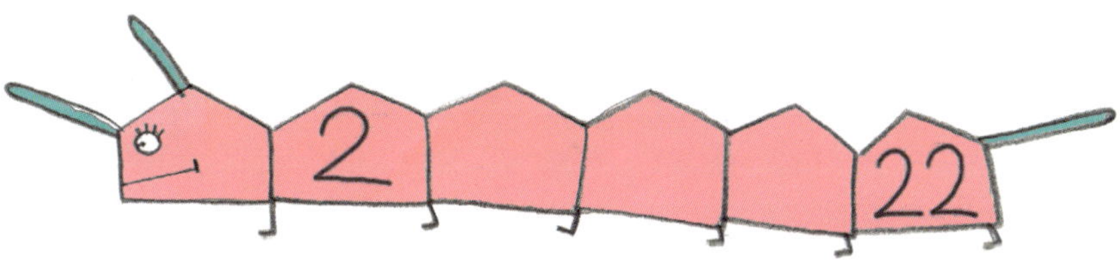

2 Immer +

3 Erfinde selbst Zahlenraupen.

Mini-Einmaleins

Tim sieht 5 Vierer.
Katja sieht 2 Zehner.
Julia sieht 4 Fünfer.
Max sieht 4 mal 5.

1 Kreise ein.

2 Zehner

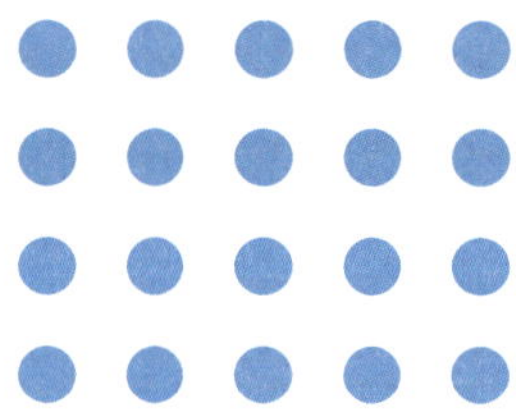

5 Vierer

10 Zweier

4 Fünfer

2

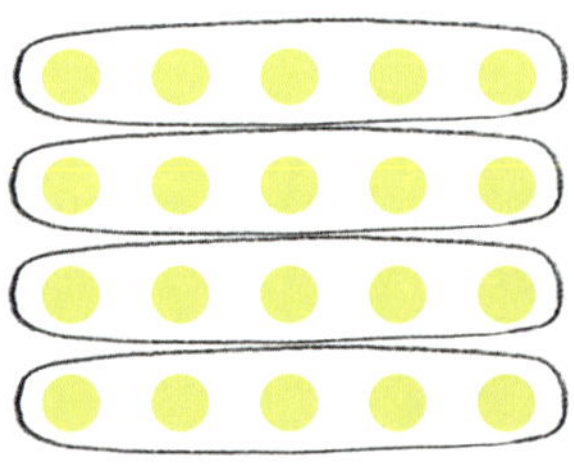

5 + 5 + 5 + 5

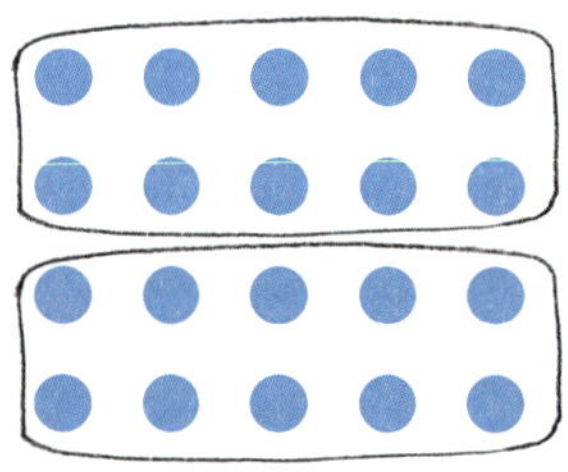

3

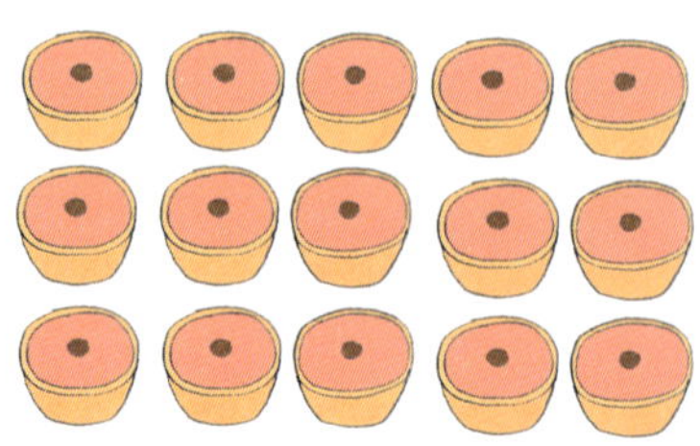

1 Zwanzigermengen verschieden einkreisen.
2–3 Passende Plusaufgaben eintragen.

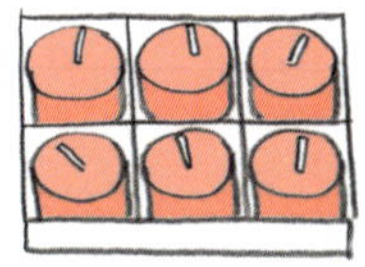

4 5 mal 4 = ...

4 mal 5 = ...

3 mal 3 = ...

2 mal 3 = ...

3 mal 2 = ...

5 Zeige und rechne.

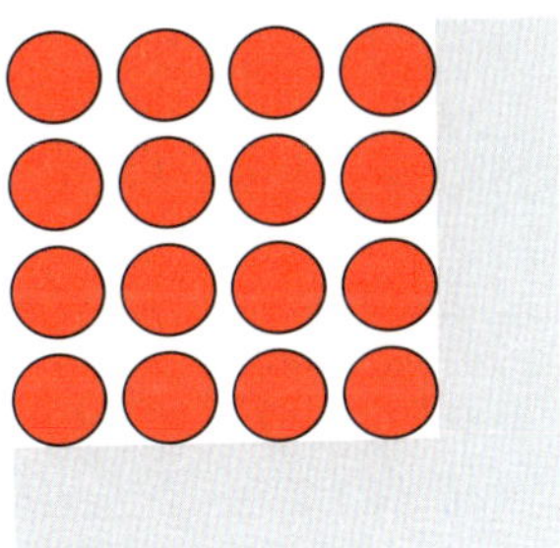

4 mal 4 = ...

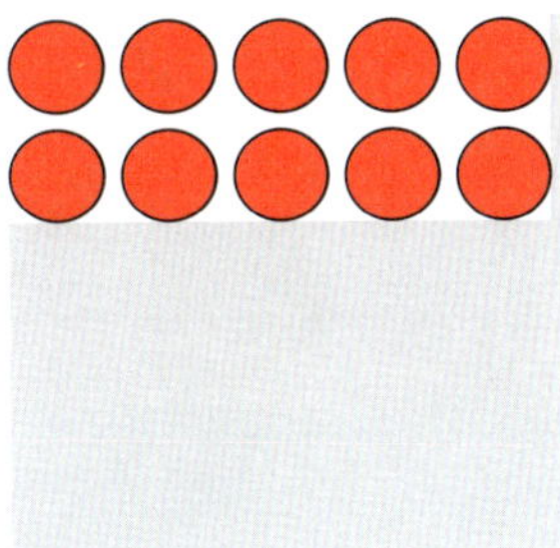

2 mal 5 = ...

5 mal 2 = ...

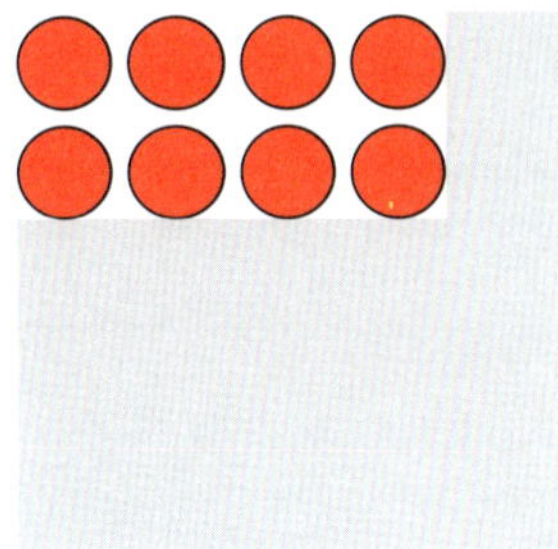

2 mal 4 = ...

4 mal 2 = ...

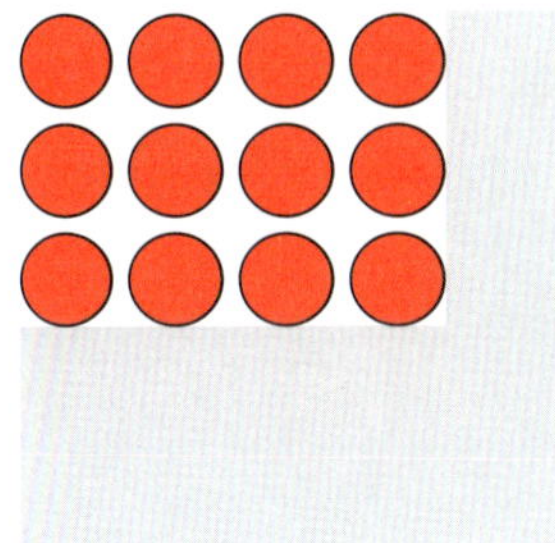

3 mal 4 = ...

4 mal 3 = ...

6 Wie viele Ohren haben 5 Elefanten?

7 Wie viele Beine haben 3 Mäuse?

8 Wie viele Schwänze haben 4 Mäuse?

ϟ Mini-Einmaleins

Übt immer wieder.

4–5 «Mal» als verkürzte Sprechweise einführen.
5 Feld auf der aufgeklappten Umschlagseite des Arbeitsheftes verwenden.
6–8 Aufgaben mündlich lösen, evtl. mit Plättchen legen.
ϟ Zur Grundlegung und zum Üben aufgeklappte Umschlagseite des Arbeitsheftes verwenden.
▸ Arbeitsheft, Seite 57

Zauberquadrate

1 2 3 4 5 6 7 8 9

1 Schreib 1 bis 9
in Dreierreihn.

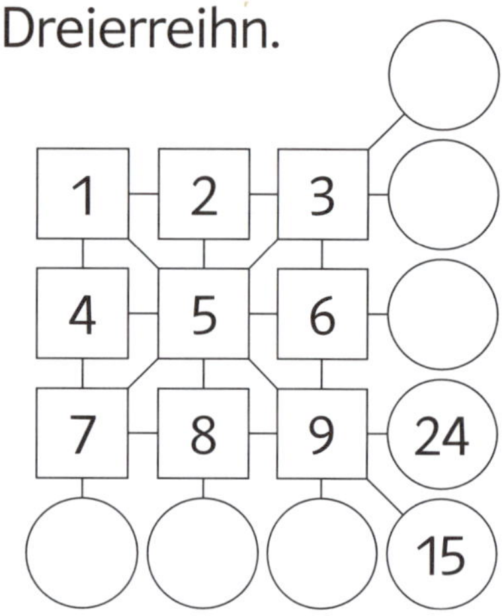

2 Tausch 7 und 3,
was ist dabei?

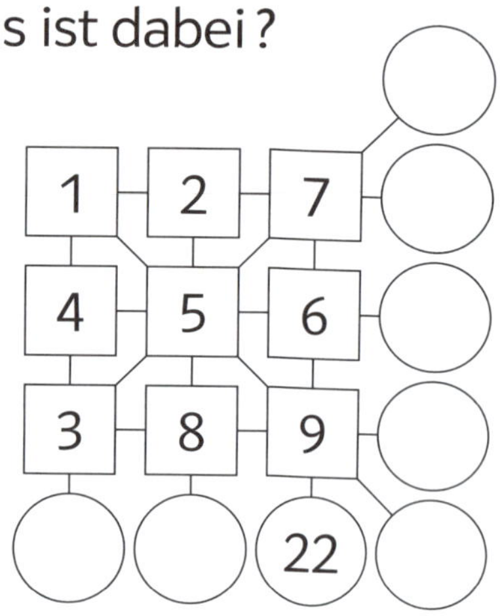

3 Die 5 lass stehn,
die andern drehn.

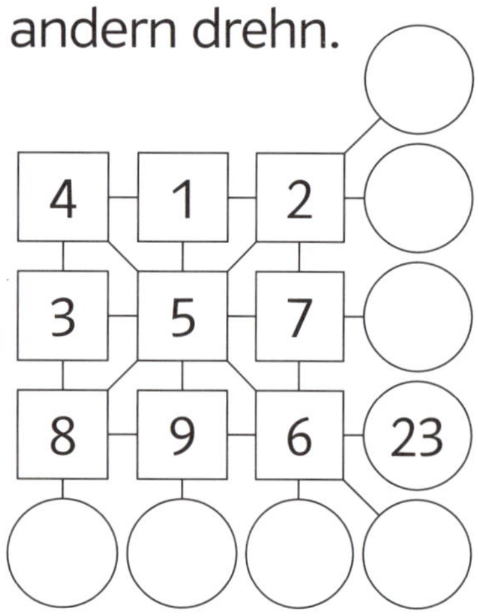

4 Nun finde zwei,
vertausche sie,
dann wirst du reich,
hast alles gleich.

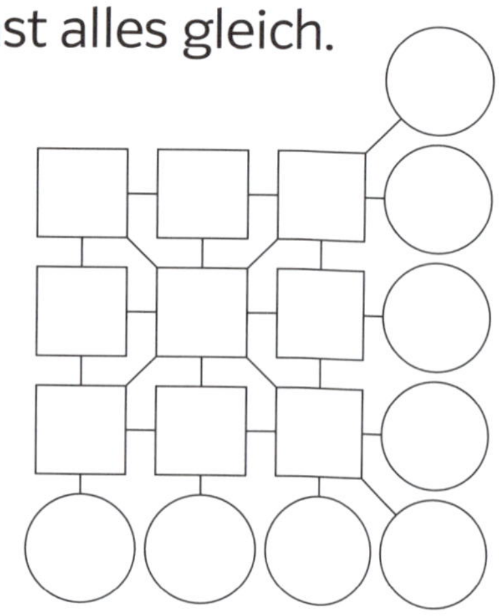

Die Wendekarten 1 bis 9 nach Anweisung des Zauberers legen.
Jeweils die acht Aufgaben ausrechnen.

Lo Shu und ihre Geschwister

Immer 15

Alle Zauberquadrate mit der Summe 15 finden.

► Arbeitsheft, Seite 58–59

Sachrechnen im Kopf

1 Rechne die Aufgaben im Kopf.
Stellt euch in Partnerarbeit selbst solche Aufgaben.

A

Alex isst 2 Äpfel.
Es bleiben **?** Äpfel übrig.

B

Zusammen sind es **?** Kugeln.

C

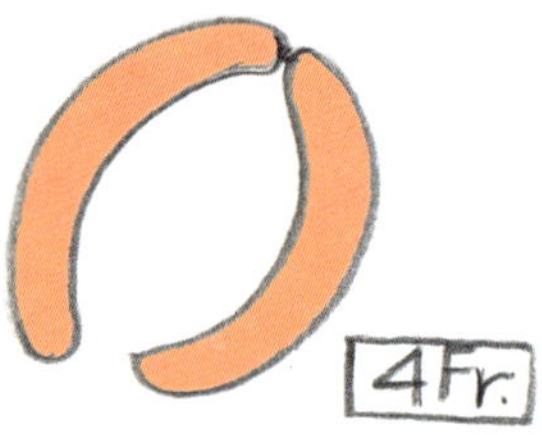

Eine Wurst kostet **?** Franken.

D

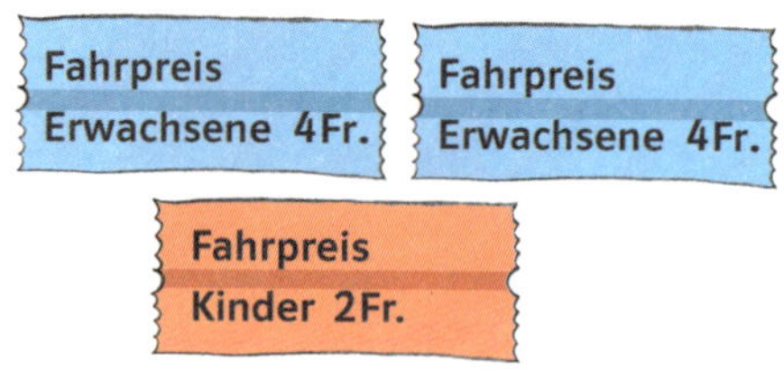

Zusammen sind es **?** Franken.

E

Ich kaufe

Ich gebe

Ich bekomme **?** Franken zurück.

F

Zusammen sind es **?** Franken.

G

Oma gibt 4 Franken dazu.
Zusammen sind es **?** Franken.

H

3 Vögel gehen.
Es bleiben **?** Vögel.

1 Aufgaben auf Kärtchen mit einer Partnerin oder einem Partner besprechen und dann im Kopf lösen. Gegenseitig weitere ähnliche Aufgaben stellen und lösen.

2 Wie viele?

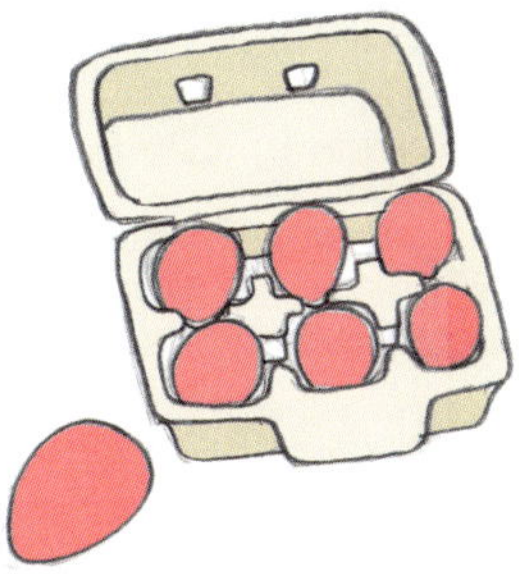

3 Wie viele?

4 Wie viele?

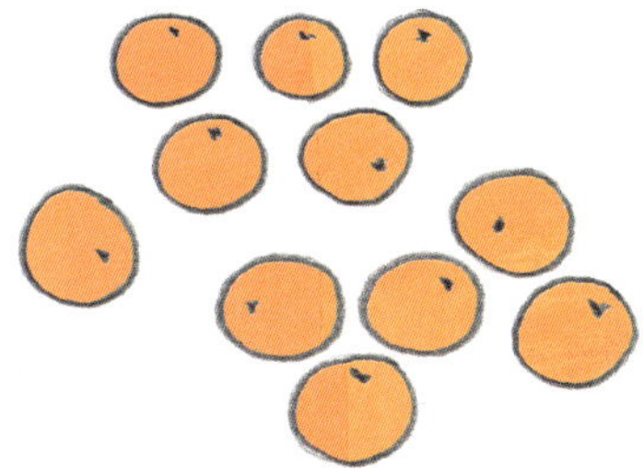

5 Wie viel Franken?

6 Wie viel Franken?

7 Wie viel Franken?

8 Wie viel fehlt zu 10 Franken?

9 Wie viel fehlt zu 20 Franken?

10 Wie viel Franken?

1 Fr. mehr als 5 Fr.
2 Fr. mehr als 10 Fr.
1 Fr. weniger als 20 Fr.

11 Verdopple.

12 Halbiere.

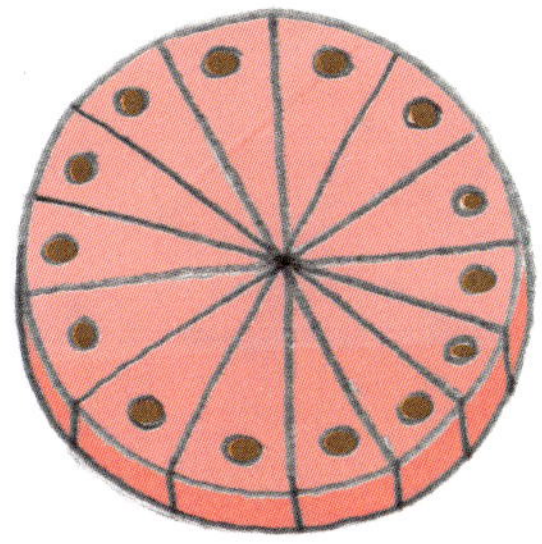

13 Wie spät?

Stellt euch in Partnerarbeit selbst solche Aufgaben.

2–13 Aufgaben mit einer Partnerin oder einem Partner besprechen und dann im Kopf lösen. Evtl. Geldbeträge mit Rechengeld legen, Zeiten an einer Lernuhr einstellen. Weitere ähnliche Aufgaben stellen und lösen.

Sachaufgaben lösen

Welche Sachaufgaben rechnen die Kinder?

1 5 Schmetterlinge,
2 davon fliegen weg.

2 Der Verkäufer hat 6 rote,
3 blaue und 7 gelbe
Luftballone.

3 2 Kugeln Glace kosten
zusammen 6 Franken.

4 Ein Riesenrad hat 12 Gondeln.
5 davon sind besetzt.

5 Ich bin 6 Jahre alt. Meine
Schwester ist doppelt so alt.

6 Du kaufst ein Heft
für 6 Franken und bezahlst
mit einer 10-Franken-Note.

7 Mama kommt um 6 Uhr
abends nach Hause.
4 Stunden später geht sie
ins Bett.

Sachaufgaben lesen und den Rechnungen der Kinder zuordnen.
1–7 Passende Fragen finden und beantworten.

Sa[illegible]ufgaben erfinden

1

12 – 4

Der Unterricht dauert 4 Stunden.
Er endet um 12 Uhr.
Isabella

Eine Torte hatte 12 Stücke.
8 sind noch übrig.
Emma

Lisa ist 12 Jahre alt. Tom ist 4 Jahre jünger.

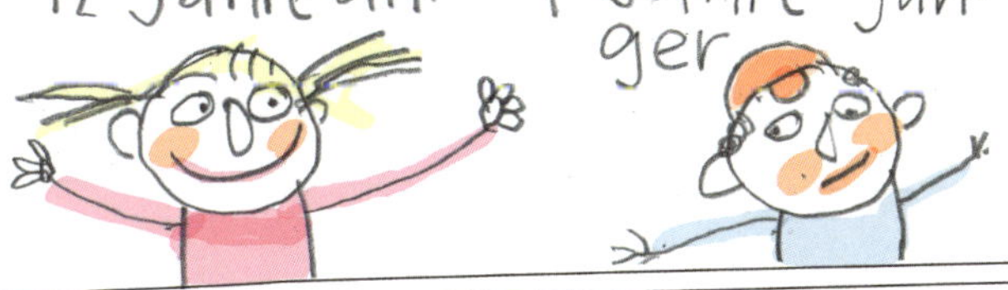

Räuber und Goldschatz
Der Schatz steht auf 12.
Der Minusräuber würfelt
Sebastian

Im September ist es 12 Stunden am Tag hell.
An Weihnachten sind es 4 Stunden weniger. Frau Suter

Finde dazu passende Fragen und beantworte sie.

2 Finde Sachaufgaben zu den Rechnungen.

10 + 4	6 + 3	7 + 7	4 + 4
10 – 4	8 – 3	7 – 4	8 – 8
6 + 5 + 3	7 + 5 – 2	4 + 4 + 4	4 + 5 – 4

1 Sachaufgaben der Kinder lesen, passende Fragen finden und Rechnungen bilden.
2 Zu vorgegebenen Rechnungen verschiedene Sachaufgaben erfinden, evtl. zeichnen.

Über 20 hinaus

Wie viele?

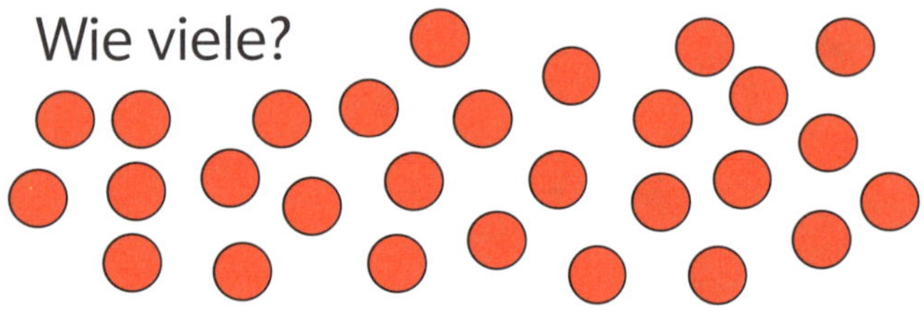

David zählt

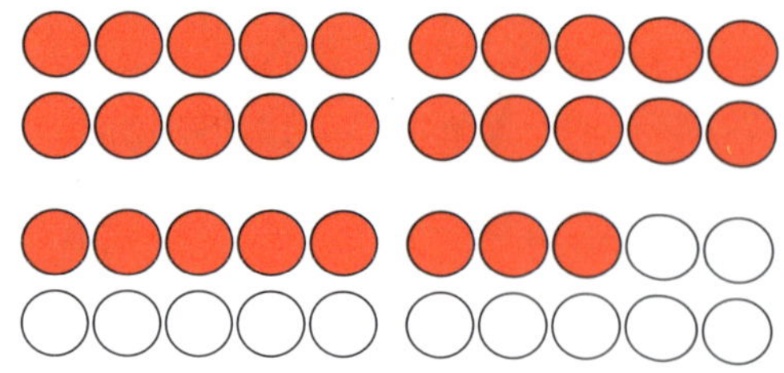

Laura zählt

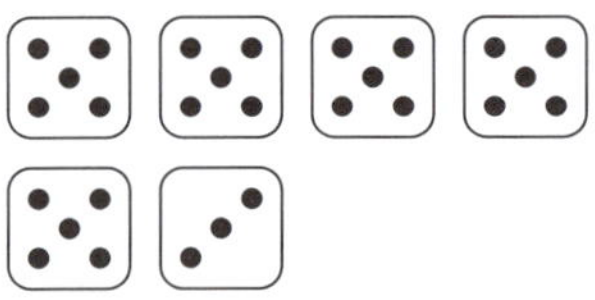

Nife zählt

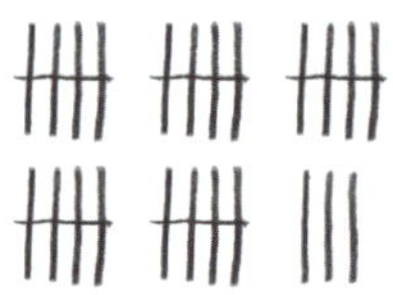

Andi zählt

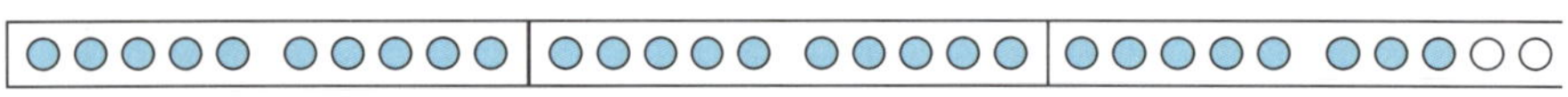

Larissa schreibt

Zehner	Einer
2	8

1 Wie viele? Wie zählst du?

Zehner	Einer

2

Zehner	Einer

1–2 Zahlen über 20 gliedern, Anzahl bestimmen und Zahl in Stellentafel schreiben.

► Arbeitsheft, Seite 62

Die Zahlen von 1 bis 100

1 Welche Zahlen kennst du schon?

1	2	3	4	5	6	7	8	9	**10**	zehn
11	12	13	14	15	16	17	18	19	**20**	zwanzig
21	22	23	24	25	26	27	28	29	**30**	dreissig
31	32	33	34	35	36	37	38	39	**40**	vierzig
41	42	43	44	45	46	47	48	49	**50**	fünfzig
51	52	53	54	55	56	57	58	59	**60**	sechzig
61	62	63	64	65	66	67	68	69	**70**	siebzig
71	72	73	74	75	76	77	78	79	**80**	achtzig
81	82	83	84	85	86	87	88	89	**90**	neunzig
91	92	93	94	95	96	97	98	99	**100**	hundert

2 Fahre mit einer Spielfigur vor oder zurück.

10, 20, 30, … , 100
100, 90, 80, … , 10

1, 11, 21, … , 91
96, 86, 76, … , 6

8, 18, 28, … , 98
93, 83, 73,… , 3

15, 16, 17, … , 25
75, 74, 73, … , 65

38, 39, 40, … , 50
53, 52, 51, … , 40

5, 10, 15, … , 50
95, 90, 85, … , 50

3 «Rot gegen Blau» – Wer kann den anderen stoppen?

	2	3	4	5	6	7	8	9	**10**
11	12	13	14	15	16	17	18	19	**20**
21	22	23	24	25	26	27	28	29	**30**
31	32	33	34	35	36	37	38	39	**40**
41	42	43	44	45	46	47	48	49	**50**
51	52	53	54	55	56	57	58	59	**60**
61	62	63	64	65	66	67	68	69	**70**
71	72	73	74	75	76	77	78	79	**80**
81	82	83	84	85	86	87	88	89	**90**
91	92	93	94	95	96	97	98	99	

Setzt ● auf 1, ● auf **100**.
Rot und Blau ziehen abwechselnd:
● 1 oder 2 Einer oder Zehner vor,
● 1 oder 2 Einer oder Zehner zurück.

Die blaue Zahl muss immer kleiner sein als die rote.

1–2 Orientierungsübungen an der Hundertertafel. ▸ Kopiervorlage
3 Strategiespiel in Partnerarbeit. Wer als Erster festsitzt, hat verloren.

Hunderterfeld

1

zehn 10

dreissig

fünfzig

siebzig

neunzig

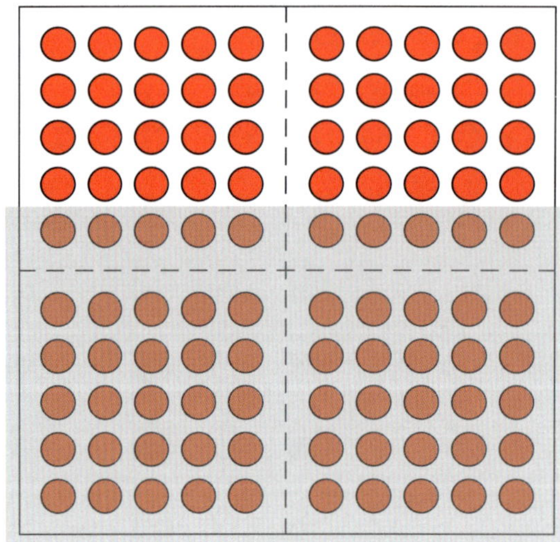

zwanzig 20

vierzig

sechzig

achtzig

hundert

2

50 + 50 =
40 + 50 =
30 + 50 =
20 + 50 =
10 + 50 =

80 + 10 =
70 + 20 =
60 + 30 =
50 + 40 =
40 + 50 =

3

30 + 30 =
40 + 30 =
50 + 30 =
60 + 30 =
70 + 30 =

20 + 60 =
70 + 10 =
30 + 50 =
10 + 70 =
40 + 40 =

4

100 – 50 =
100 – 60 =
100 – 70 =
100 – 80 =
100 – 90 =

50 – 30 =
60 – 40 =
70 – 50 =
80 – 60 =
90 – 70 =

5

100 – 50 =
80 – 40 =
60 – 30 =
40 – 20 =
20 – 10 =

80 – 20 =
70 – 10 =
60 – 20 =
50 – 10 =
40 – 20 =

6

30 + 70
20 + 80
50 + 50
60 + 40
90 + 10

7

80 – 20
100 – 20
50 – 20
70 – 20
20 – 20

8

10 + 70
20 + 60
30 + 50
40 + 40
30 + 30

9

100 – 80
90 – 70
80 –
–
–

10

10 + 10
30 + 10
50 +
+
+

1 Zehnerzahlen am Hunderterfeld zeigen und schreiben.
2–10 Mit Zehnerzahlen addieren und subtrahieren.
► Arbeitsheft, Seite 63

Zahlenhäuser bis 100

1

80	90
20 +	10 +
+	+
+	+
+	+
+	+
+	+

2

10	20
20 –	30 –
–	–
–	–
–	–
–	–
–	–

3

50	70

4

100	

5

30 + 5 =	35 – 5 =
70 + 5 =	85 – 5 =
60 + 5 =	65 – 5 =
20 + 5 =	25 – 5 =
80 + 5 =	95 – 5 =

6

20 – 5 =	90 + 5 =
60 – 5 =	90 – 5 =
80 – 5 =	100 – 5 =
40 – 5 =	70 – 5 =
30 – 5 =	70 + 5 =

1–2 Zahlenhäuser ausfüllen.
3–4 Passende Plus- oder Minusaufgaben einsetzen.
5–6 Rechnungen lösen.

Münzbeträge

1 Immer 1 Franken

2 Immer 2 Franken

3 Immer 40 Rappen, lege und male mit (5) (10) (20). Wie viele Münzen?

(20) (20)	2
(20) (10) (10)	3

1–2 Münzbeträge bilden.
3 Mit Rechengeld legen, Münzen zeichnen, Anzahl eintragen.
► Arbeitsheft, Seite 64

Einkaufen

1

Marco hat	Er kauft
	 60 Rp.

Marco hat noch .... Rp.

Jana hat	Sie kauft

Jana hat noch .... Rp.

2

Katrin kauft	Sie gibt
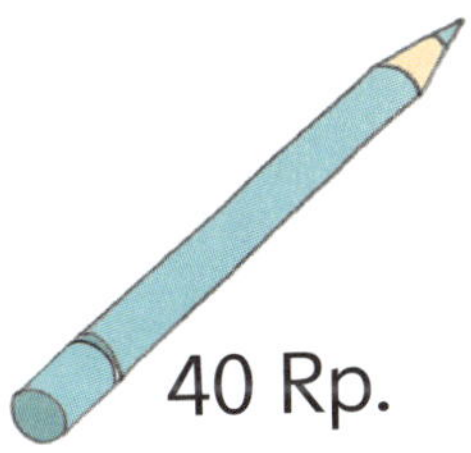 40 Rp.	

Sie bekommt .... Rp. zurück.

Boris kauft	Er gibt
2 Fr. 50 Rp. 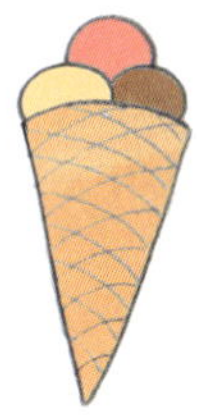	

Er bekommt .... Rp. zurück.

3

	Preis	gegeben	zurück
	18 Fr.	20 Fr.	
	4 Fr.	10 Fr.	
	30 Fr.	50 Fr.	

4

Immer 60 Rp.	Immer 80 Rp.	Immer 90 Rp.	Immer 70 Rp.
50 Rp. + ... Rp.	50 Rp. + ... Rp.	50 Rp. + ... Rp.	50 Rp. + ... Rp.
30 Rp. + ... Rp.	60 Rp. + ... Rp.	60 Rp. + ... Rp.	60 Rp. + ... Rp.
20 Rp. + ... Rp.	40 Rp. + ... Rp.	80 Rp. + ... Rp.	20 Rp. + ... Rp.
40 Rp. + ... Rp.	70 Rp. + ... Rp.	40 Rp. + ... Rp.	40 Rp. + ... Rp.
...... Rp. + ... Rp.	...... Rp. + ... Rp.	...... Rp. + ... Rp.	...... Rp. + ... Rp.

1–4 Mit Rechengeld legen.
2–3 Durch Weiterzählen (Ergänzen) lösen.
▸ Arbeitsheft, Seite 64

Zahlen aus meiner Klasse

1 Ich bin ………… Jahre alt.

Ich habe ………… Zähne.

2 Ich bin in der ………… Klasse.

Unsere Lehrerin heisst …………………………………………… .

Unser Lehrer heisst …………………………………………… .

3 In meiner Klasse sind ………… Kinder,

davon ………… Mädchen und ………… Knaben.

4 Unser Schulzimmer

	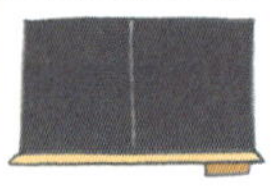	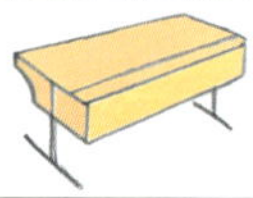		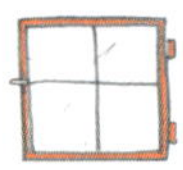		
1. Klasse						

5 Unsere Haustiere

Zusammen						

6 Nach den Ferien komme ich in die ………… Klasse.

 1–6 Lesen, Daten sammeln, in Tabellen eintragen.

Mandala

1 Male aus.

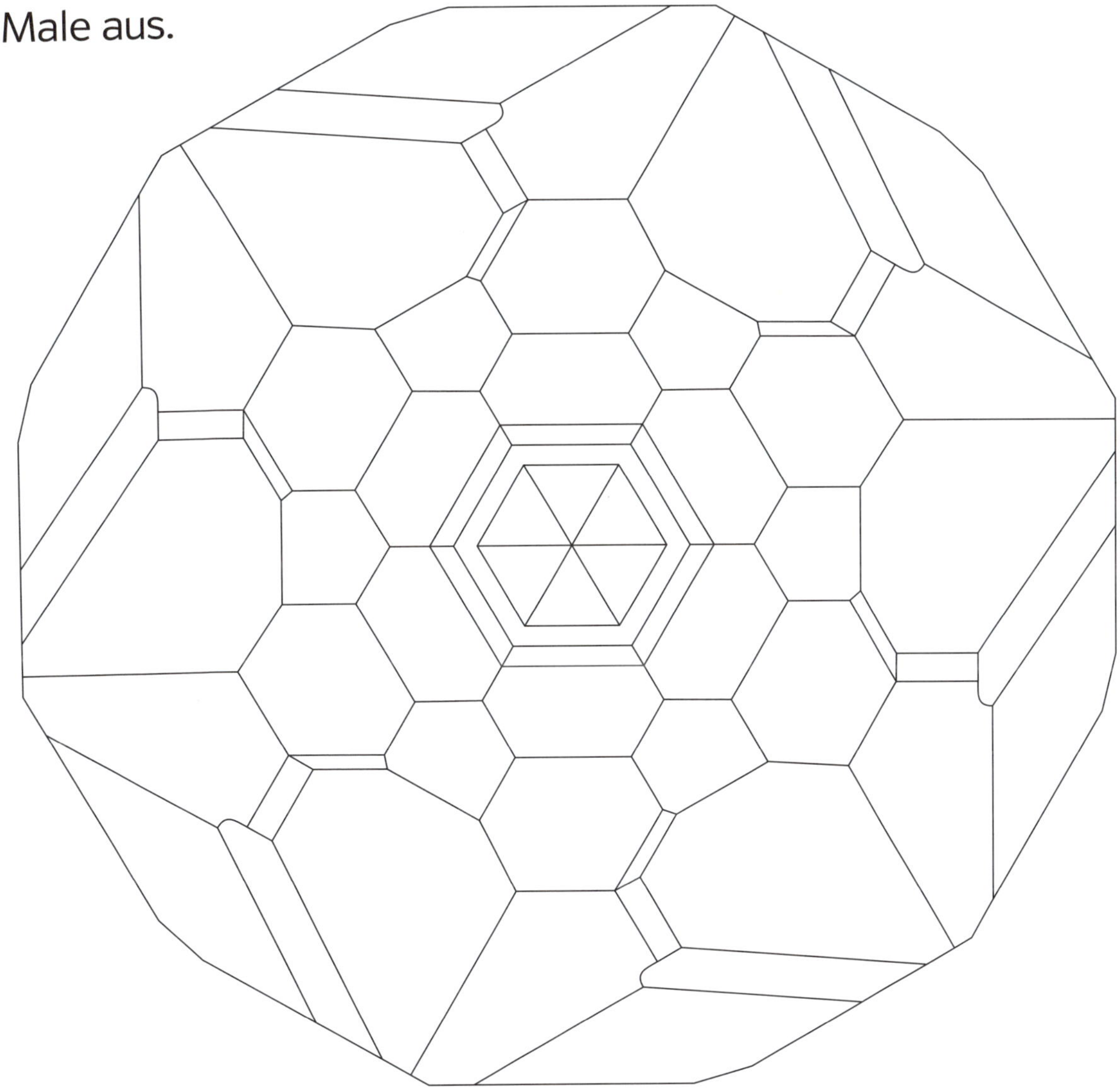

2 Das erste deutsche Rechenbuch schrieb Adam Ries.
Er lebte von 1492 bis 1559.

«Wer nicht weiss, was Rechnen ist,
Leicht betrogen wird mit List.
Dies nimm zu Herzen, bitt' ich sehr.
Ein jeder sein Kind Rechnen lehr'.»

1 Das Mandala schön ausmalen.
2 Den Rechenmeister Adam Ries und ein Gedicht aus seinem berühmten Rechenbuch kennen lernen.

Bald ist Weihnachten

2 Wir haben Teig. Wir haben Formen.
Wir backen Guetzli. Wie viele?

3 Lege viele.

1 Trage im Kalender ein.

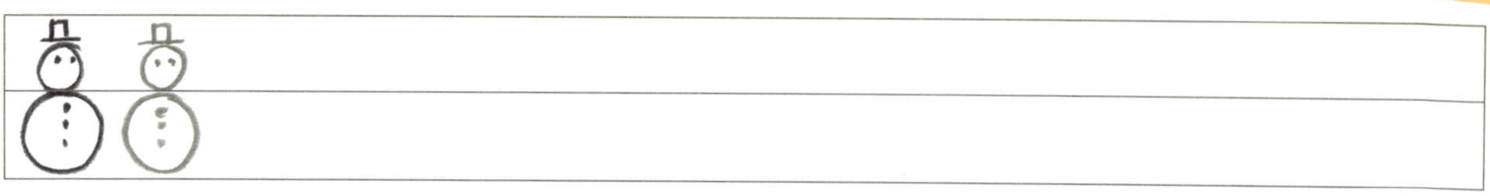

1 Kalender nach Gegebenheiten ergänzen.
2 Guetzli ausstechen und backen.
3 So viele Plättchen (Guetzli) wie möglich legen. Anzahl bestimmen.
Muster fortsetzen.

6 Wie viele? Verteile.

4 Tüten herstellen.
5 Mit Faltschnitten die Tüten bekleben.
6 Guetzli auf die Tüten verteilen.

Bald ist Ostern

Osterhäschen dort im Grase,
Wackelschwänzchen, Schnuppernase,
mit den langen, braunen Ohren,
hast ein Ei verloren!
Zwischen Blumen seh ichs liegen.
Osterhäschen, kann ichs kriegen?

1 Wie viele?

					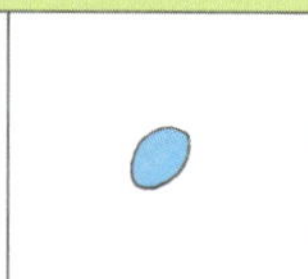	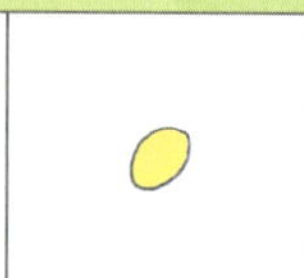	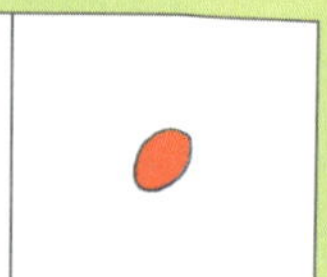

2 Weisst du, wie viele Eier es zusammen sind?

1 Dinge zählen und Anzahlen in die Tabelle eintragen.
2 Geschicktes Addieren – das Ergebnis ist grösser als 40.
Muster fortsetzen.

3 Immer 2 Eier im Nest.

4 Immer 3 Eier im Nest.

5 Lege immer 4 Eier in ein Nest.
Wie viele verschiedene Nester findest du?

3–4 Jeweils verschiedene Nester mit 2 oder 3 Eiern zusammenstellen.
5 Die fehlenden Nester ins Heft malen. Es gibt 15 verschiedene Nester.

Schweizer Zahlenbuch 1
Ausgabe für die Schweiz auf der Grundlage des Unterrichtswerkes «Das Zahlenbuch 1», erschienen im Ernst Klett Grundschulverlag GmbH, Leipzig 2004

Bearbeitung für die Schweiz Elmar Hengartner, Gregor Wieland
Projektleitung und Redaktion Rolf Hansen
Illustrationen Anna Luchs, Zürich
Technische Zeichnungen Brigitte Gubler, Zürich
Fotografie Stephanie Tremp, Zürich
Gestaltung Bernet & Schönenberger, Zürich
Korrektorat Textkorrektur Terminus, Luzern
Gesamtherstellung Zosso & Partner Management GmbH, Münsingen

Dank
In den Jahren 2001 bis 2006 haben Lehrerinnen und Lehrer aus fast allen Deutschschweizer Kantonen die sechs Bände des Zahlenbuchs systematisch evaluiert. Die Manuskriptfassungen des neu bearbeiteten Schweizer Zahlenbuchs 1 wurden begutachtet von Philipp Achermann (LU), Walter Affolter (BE), Esther Brunner (TG), Irène Gäumann (BE), Rita Krummenacher (LU), Margret Schmassmann (ZH).
Die Bearbeiter und der Verlag danken allen Beteiligten für die wertvollen Hinweise, die Evaluation und Begutachtung gegeben haben.

Bild- und Textnachweis
Umschlag: «Käfers Sonnenbad», Panther Media GmbH, München; S. 20: Zehn kleine Zappelmänner. Aus: Marga Arndt, Waltraut Singer (Hrsg.): Das ist der Daumen Knudeldick. Ravensburger Buchverlag, 1997

Das Zahlenbuch 1
Deutsche Originalausgabe

Herausgeber Erich Ch. Wittmann, Gerhard N. Müller

1. Auflage 2008[3]
Alle Drucke dieser Auflage können im Unterricht nebeneinander verwendet werden.

Lizenzausgabe für die Schweiz

Besuchen Sie uns im Internet:
www.zahlenbuch.ch, www.klett.ch

Oder kontaktieren Sie uns per E-Mail:
info@klett.ch, redaktion@klett.ch

ISBN 978-3-264-83710-0